安然無恙不比遺憾好

IT'S NO BETTER TO BE SAFE THAN SORRY

挪威七二二屠殺案之後

Author

李濠仲——著

前言

地球上每天都有天災人禍發生，可惜多半只會成爲曇花一現的熱門話題，我們習於急躁地議論當中是非，很快的又把精力轉向另一個焦點，平白錯過了許多情節，而我們卻無法保證，那不會是我們正好必須知道的事。

挪威遭炸彈攻擊的消息傳開，我尚在台北和攝氏三十五度的高溫奮戰，不少好友以爲我人在現場，急著尋找本人下落，而我一度懷疑那可能是誇大其詞的報導，完全無法想像恐怖攻擊居然會落在這個國家頭上，CNN和BBC一整天都在播放挪威政府大樓周邊滿目瘡痍的畫面，看來果然事態嚴重，接下來更爲不可思議的是，位在奧斯陸近郊的烏托島（Utøya），傳來讓人驚駭莫名的槍響。

「七二二事件」之前，我在這座城市住了兩年又六個月，感覺得到在她溫馴平靜的外貌下，其實潛藏著因種族、宗教、文化格格不入而來的焦慮感，但挪威人以其奉公守法、天真誠實，和清爽的街道、露天的陽台以及綠草如茵的公園，有效抹去了那層不安，所有人都相信，報上有關恐怖主義在挪威蠢蠢欲動的威脅論，只是稍具副作用的咖啡因，並不至於帶來立即的危險。

而又有誰能預料，處處標榜平等、寬容的太平天國，居然會養出布列維克（Anders Behring Breivik）這位喪心病狂的傢伙。他在市區引爆炸彈，跑到郊區濫殺無辜，既有恐怖分子的手段，還有殺人魔的影子，八人在爆炸案中喪生，六十九人死於布列維克的槍下，一天之內光他一個人就足以結束掉七十七條生命，挪威政府說這是自二次世界大戰以來，挪威遭遇到最爲嚴重的一次攻擊，此話所言不假，除了戰爭之外，挪威人從不必經歷這種悲劇，這是一個沒有天災的國家，卻因爲人禍付出慘痛的代價。

爆炸屠殺案後兩個星期，我回到奧斯陸，她已恢復往日的寧靜，但挪威人內心仍有起伏，尤其始作俑者並不是他們長期以來的假想敵——伊斯蘭極端主義者，而是和他們一樣有著同樣金色的頭髮、藍色的眼珠、白色的肌膚、相貌堂堂道道地地的挪威人，這讓他們更加沮喪，也更想找出避免下一場災難的解答。

藉由這起事件，我試著整理出過去兩年多蒐集而來的資料，和對這座城市時時刻刻寫下的紀錄，看著新聞報導，希望在情緒隨之波瀾翻覆的同時，也能留下冷靜的觀察，不令它匆匆掩沒在陣陣喧囂和嘆息聲中。

「A-Ha」是八〇年代經典流行樂團，一九八六年以一曲〈Take on me〉席捲全世界，三位來自挪威的樂團成員，爲自己的國家帶來四分之一世紀的驕傲。「七二二事件」後一個月，已宣告解散的「A-Ha」樂團受挪威政府之託，在追悼音樂會上爲挪威人最後一次獻唱。

〈Take on me〉有句歌詞寫著：「安然無恙並不比遺憾好」（It's no better to be safe than sorry.）。或許有時眞是如此，人類的智慧總在錯誤中增長，胸懷常因委屈而撐大，苦難淬煉，似乎是完好人格的必經之路。養尊處優的挪威人，經過「七二二事件」震撼教育後，我想留在這塊土地上的，應該不光只有遺憾。

目次

七二二之後

從奧斯陸前往烏托島的路上，在奧斯陸大教堂的玫瑰花叢中，我知道這個國家發生了什麼事，他們沒有試圖掩蓋它、輕視它，但同樣也沒有渲染它、擴大它，沒有讓一齣悲劇演變成鬧劇。

「如果一個人可以製造那麼多的仇恨，可以想像，當我們所有人聚在一起時能產生多少愛。」（If one man can create that much hate, you can only imagine how much love we as a togetherness can create. ——挪威英文媒體引用的字句。）

二十七歲的挪威國會議員荷漢（Stine Renate Håheim），在奧斯陸大教堂前接受CNN訪問時，對著鏡頭有感而發。之後挪威總理史托騰伯格（Jens Stoltenberg）在公開談話中，便藉用荷漢這番話來鼓勵挪威人民。挪威媒體紛紛引述，它為震悼中的挪威帶來必要的光明。

「七二二事件」後事隔兩天，十餘萬奧斯陸人手捧鮮花、蠟燭，在奧斯陸大教堂前為死難者祝禱，荷漢是人潮裡其中一人，她也是烏托島屠殺案中倖免於難的生還者，很難想像，一個才剛經歷劫後餘生的受害者，可以如此平靜地像讀詩一樣唸出這些字句，有別於兇嫌布列維克冰冷麻木的模樣，荷漢應該是大家比較熟悉的挪威人。

年初即已敲定了行程，「七二二事件」後的第三個禮拜，我正帶著家人旅遊奧斯陸，從奧斯陸市區出發，沿E16公路往西邊大城卑爾根方向而行，可路經俯瞰奧斯陸峽灣最壯麗景致的山丘，那裡則剛好正和前往烏托島同一個方向。

雖然當天陽光普照，而且奧斯陸看來已恢復平靜，行經此路，仍不由得汗毛直豎，倒不是路上殘留了什麼血腥殺戮的氣味，而是你實在無法理解，馳騁在這條蜿蜒曲折的公路上，左邊海，右邊山，草木青蔥翠綠，陽光溫暖和煦，那位仁兄怎麼湧得出那股即將大開殺戒的念頭，更何況他犯案的七月，是挪威最美麗的季節。望著車窗外來往行車，二十天前，同條公路上，有個人才剛結束一起駭人的爆炸案，隨後又立刻驅車進行另一場更爲瘋狂的屠殺案，沿途的美景，難道完全沒辦法讓他稍有遲疑。

抵達那座山丘之前，我瞥見左側路邊一處往海邊突出的平台，上頭擺滿了玫瑰花和蠟燭，接著便和標示「Utøya」的路牌擦身而過，原來附近居民正藉由這座平台，遙祭對岸烏托島上的冤魂，很多人則專程駕車來此，將車停放在不遠處狹窄的路邊，然後下車回頭，徒步拿著鮮花到此致哀悼念，偶爾和一旁飛馳而過的車輛擦身而行，平常挪威人極少做

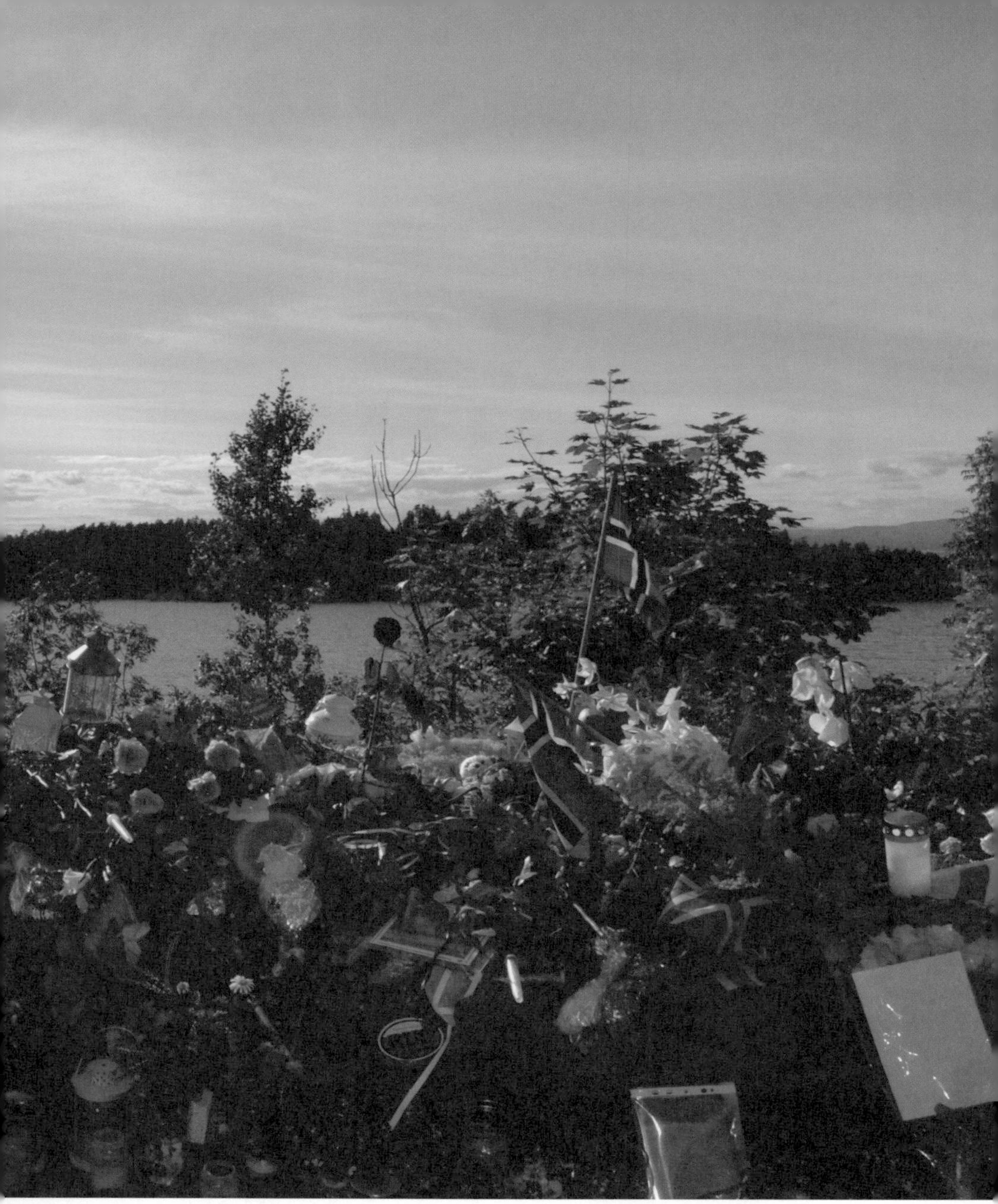

挪威民眾在烏托島的對岸，擺上玫瑰花向死難者致意。

出這種危險舉動，你終於明白，看上去也許一切如常，在他們心裡，眼前仍是非常時期。

從平台望去，烏托島清楚地出現在你面前，全島封閉，順流而下的此岸，是一處戶外露營區，所幸現場停有不少輛旅行車，這些旅人適時淡化了我沿途腦海中的詭異念頭，加上平台上滿是玫瑰花的清香，有效化解了我旅途上的不安，原以爲會有大批警力封鎖現場，營造另一股加碼而來的肅殺氣氛，幸好，並非如此，烏托島雖已鮮無人煙，但此地依舊風光明媚，山丘上俯瞰的奧斯陸峽灣，同樣如此迷人。

回程我們轉進奧斯陸格陵蘭區（Grøland），爲當天晚餐採買東方食材，路線上正好又讓我們撞見尚在修復中的挪威政府辦公大樓，周邊尚被警方柵欄團團圍住，柵欄上則滿是乾枯的玫瑰花。「七二二事件」後，奧斯陸大街小巷出現數以百萬計的玫瑰花，那是民眾自掏腰包爲悼念死去同胞而來，十足西方世界的況味。

那段時間，挪威財政部還特別取消了玫瑰花的貨物稅，高達百分之兩百四十九的玫瑰花稅，可以想見它平常的價格有多驚人，那幾乎是台灣在情人節時才有的行情，而此時我也才知道，玫瑰花在挪威一直是奇貨可居，政府適時取消課稅，也算從善如流，滿城玫瑰花，確實沖淡了之前愁雲慘霧的氣息。

它原本是個政治冷感的國家，民眾對政治議題興趣缺缺，七個主要政黨，左右兩派各半，彼此的支持度少有超過三成，就連長期執政的工黨，也得藉由和其他小黨結盟才有辦法組成內閣，其中幾支小黨，甚至一直處於解散邊緣，靠著低檔盤旋在百分之四、百分之五的支持率苟延殘喘，眞正足以左右政局的，也就左派的工黨和右派的保守黨、進步黨。

因爲布列維克，我們對挪威右翼的進步黨也許有了某些認識，它在媒體上呈現出的形象，似乎已被歸爲極端民粹的政黨，長期派駐挪威的英國《金融時報》新聞評論員彼得（Petter Nome），在檢討這次「七二二事件」時，甚至意有所指把矛頭指向進步黨，認爲民主國家雖然可以有宣揚不同主張的自由，但這些民粹主義政黨的存在，很可能無意中助長了一些邊緣思想者變成仇恨和暴力的發動者。

屠殺事件發生，前往烏托島的道路遭警方暫時封閉。

許多挪威人在奧斯陸大教堂外為死難者祝禱，也為自己的國家祈福。

布列維克的反穆斯林觀點，和對多元文化的恐懼，都和進步黨的主張相近，而他也確實曾被進步黨延攬擔任要職，彼得雖然沒有把進步黨主席顏森（Siv Jensen）說成是暴力行動的支持者，卻要她負起責任，因爲她極可能爲一群急躁的追隨者營造出一種使人亢奮的環境，讓這些人以爲可以用暴力、仇恨當作某種發洩的手段。

進步黨在挪威一百六十九席國會席次中占了四十一席，目前是挪威第二大政黨，二〇〇九年大選，顏森率領的進步黨，甚至一度被認爲可能取代工黨的地位，成爲挪威國會第一大黨，挪威也將跟隨瑞典腳步，政治上由左轉右，結果因爲挪威人對進步黨極右的言論有所疑慮，最後還是決定讓言論相對「溫馴」的工黨繼續執政。

這段時間以來，進步黨因爲爆發黨員性侵案等醜聞，聲望一落千丈，另一右派保守黨趁勢而起，且以溫和右派自居，吸引了有意爲這個國家帶來更多改變和刺激的選民支持，突然取代了進步黨的地位，成爲二〇一三年國會大選時工黨的最大威脅，原本和進步黨的合作關係，也因爲遭進步黨譏諷投機、立場不堅定，雙方關係有些生變。布列維克發動的

「七二二事件」，對向來以敢言、敢衝的進步黨來說，無疑又是一次打擊，讓進步黨更為莫可奈何的是，布列維克當初正是嫌進步黨的手段不夠激進，才選擇脫黨自立門戶，今天卻被指為是偏執狂的推手。

就在極右的布列維克重創右派形象，左派的挪威總理史托騰伯格柔情攻勢，減輕了外界對他所領導政府的批判，個人聲望反而創下前無古人的新高。而我原以為進步黨應該就此一蹶不振，至少得好長一段時間才能恢復元氣，但挪威媒體調查發現，「七二二事件」後同一時間，挪威年輕人加入政黨的數量突然大增，而且是七個主要政黨的青年黨員都有大幅成長的跡象，並未獨厚工黨。

一如史托騰伯格對眾人所宣示的，挪威將以更民主、更開放的態度，證明他們並沒有被這起暴力事件打倒，而挪威年輕人加入不同政黨的舉動，對於「更民主的挪威」，未嘗不是正面的幫助，過去對政治冷感的挪威人，因為「七二二事件」有了醒悟，至少知道自己無法再對任何政治上的意見置若罔聞，冷漠，可能也是這起事件的幫兇，同時也許也稍微修正了英國媒體評論員彼得的論點，因為此種社會仇恨和暴力究竟如何形成，恐怕無法單就某個政黨的政治傾向導出結論。

當歐洲各國急於討論極右派造成的恐懼時，挪威社會卻在討論另一個對他們來說更爲迫切的問題，並非極右政黨是不是間接鼓勵了布列維克的惡行，而是反向檢討自己的社會，是否因爲過度強調和諧，壓抑了不同立場者發表言論的空間，邊緣化了原本也該重視的意見，各政黨青年黨員明顯增加，正好凸顯這個社會多元意見的存在，並沒有因爲布列維克一個人而走向一言堂的死胡同。看來挪威人的自我檢討，要比彼得的觀察更爲深刻。

這也是令我感到好奇之處，史托騰伯格的支持度躍升到九成，顏森的聲望跌至谷底，結果彼此政黨的支持者並未隨之起伏，而是依照原本自己的信仰價值做出選擇，挪威青年加入進步黨，我想應該不會是爲了聲援顏森，更不可能是「顏森迷」動員而來，反而很可能是希望藉由進步黨的壯大，剔除可能的偏激分子，由他們重新代表進步黨發聲，而非任由極端主義的狂熱者玷汙政黨的信仰。

至於史托騰伯格在這次事件中，儘管被批評救援不力，仍得以獲得多

鐵網之內，是當時正在修復，遭炸彈攻擊的大樓，鐵網上則滿是民眾前往哀悼時遺留下的玫瑰花。

數挪威人支持，或許因爲自始至終，他並未把責任推給右派政黨，政治人物要表演得十分寬容大度也許容易，若是逮到機會整垮政敵而不爲，可能才是難上加難，他把檢討、批判對手的工作交給媒體，自己則寡言慎行，專心善後，不時悲從中來而面頰帶淚，我對政治人物涕淚縱橫的畫面向來保持戒心，但我相信，挪威人此刻對史托騰伯格的評價儘管有情緒上的加乘作用，但應該也算中肯，假如他隨著新聞評論員彼得的言論對其他政黨大肆撻伐，我想這個社會也不可能如他們外交部長所言：「明天的挪威，看起來仍將一切如常。」而是陷溺在一種無法自拔的政治口水中，就連立場相左的基督教民主黨議員，也承認史托騰伯格確實有在混亂中穩定事局的能力。

每年夏天，奧斯陸市政中心廣場照例會舉辦「多元文化節」（The Mela Festival），那天鄰近的漢堡王（Buger King）速食店還會特別推出魚堡特價優惠，以服務前來共襄盛舉，不吃豬肉的中東移民。雖然名爲多元文化節，但現場多數是來自巴基斯坦、伊拉克、伊朗、阿富汗等伊斯蘭教國家的移民，因此等於是奧斯陸市政府爲流離失所的中東人而辦的嘉年華會，「七二三事件」後，我原以爲今年可能因爲氣氛敏感而停辦，沒想到它依然照例舉行，只是將原本強調的歡娛、熱鬧，換上了恰如其分的肅穆莊嚴。

對這群中東移民來說，遠方故土戰火未歇，逃離家園的子民，在庇護者開展的羽翼下，每年都可藉由這場一年一度的慶典，透過近乎瘋狂的方式，遙念已逝的歲月。他們並未歌頌挪威，猛拍挪威人馬屁，只是盡情地唱著自己家鄉的歌曲，穿著自己家鄉的服飾，揮舞自己家鄉的國旗，而挪威政府也沒有任何人利用這個機會，上台領取台下受惠者的掌聲。今年如期舉辦「多元文化節」，市政府廣場照樣擠滿皮膚黝黑，頭髮捲曲的中東人，或許這更顯露了挪威人固執的一面，他們用加入政黨，貫徹更民主的意志，用不停辦多元文化節，貫徹多元文化的價值。

美國「九一一事件」發生當時，反恐專家的結論是，原始落後的國家建設容易被摧毀，進步文明國家的秩序則容易遭破壞。我很難歸類挪威屬於哪一類型，她有進步國家的內涵，卻有原始部落的從容，除了挪威政府辦公大樓周邊，以及烏托島之外，我發現奧斯陸短短一星期內已幾近恢復元氣，它沒有演變成政治激情的對壘，沒有在政黨交責中捲入彼此糾纏的棉線，從奧斯陸前往烏托島的路上，在奧斯陸大教堂的玫瑰花叢中，我知道這個國家發生了什麼事，他們沒有試圖掩蓋它、輕視它，但同樣也沒有渲染它、擴大它，沒有讓一齣悲劇演變成鬧劇。

媒體找到了布列維克的父親，他難過得希望自己的兒子應該以死自我了斷，除此之外，我們沒有看到多餘灑狗血的親情倫理大悲劇，或者延伸出對單親家庭過多的揣測和推理；此外，立刻有數萬名挪威人透過臉書（Facebook），寫信鼓勵兇手的母親，希望她能接受眾人的關心，因爲在那起事件中，他們認爲布列維克的母親也同爲悲劇裡的「受害者」，而不見挪威媒體大陣仗嗜血地圍堵這位正陷入自責悲戚的婦人，朝她的臉上猛執麥克風，然後頻頻問她：「請問你對你兒子犯下這起殺人案有什麼感覺？」接著再利用其歇斯底里的哭吼聲衝高新聞收視率。

二〇〇五年英國倫敦爆炸案，我們肯定英國人的冷靜；日本福島海嘯地震事件，我們肯定日本人的自持，我想挪威人在「七二二事件」中，也有諸多值得學習之處，我指的並非以玫瑰花撫平彼此傷痛，或者在大

安然無恙不比遺憾好

教堂內爲死難者治喪哀悼，而是他們沒有因爲一名瘋狂的殺手，輕易犧牲掉自己一如往常的理性。

所謂挪威人

或許在一個外在和諧、表面祥和的社群中，北歐犯罪小說情節所呈現出的陰暗面，其實也真的透露出我們這些外人難以窺見的另一種北歐。

我跟漢斯（Hans）曾在台灣見過一次面，第二次見到他是在我奧斯陸住家附近，當時他西裝筆挺，外頭披了件深藍色長大衣，相貌堂堂，從上坡處朝我迎面而來，我手上正好提著裝了兩根香蕉和一罐鮮奶的塑膠袋，蓬頭垢面，腳上是雙滿布汙泥的球鞋，並裹著一件不甚稱頭的卡其色夾克，相形狼狽。握手寒暄的同時，漢斯先是大吸一口氣，才順利吐出「Nice to meet you」幾個字。

幸好我已在挪威居住了一段時間，對當地人的反應司空見慣，否則他倒吸那口氣的當下，我很可能直覺是自己的衣裝打扮嚇到對方。說那是挪威人的通病也許太誇張，不過他們自己也承認，有時候在和人應對進退之際，不自覺就會有倒吸一口氣的舉動，原因是和外人交談時，這麼做可以稍微緩和一下自己不知所措的情緒。至於隨後對你使勁地握手，則是爲了表現自己的男子氣概。

挪威是個開放的社會，熱情、有禮，可以大方地躺在公園草地上穿比基尼曬太陽，或者不畏旁人眼光當街哺乳，或者輪到他們發言時，總能充滿自信侃侃而談；然而只是「遠觀」如此，當你湊近和他們近距離接觸，你會發現挪威人靦覥、害羞有時並不下於亞洲人。美國出生，目前在奧斯陸工作的好友約翰曾做過一項實驗，就是在奧斯陸公車上隨意找人攀談，結果對方十之八九猜中他是美國人，因爲挪威人根本不會這麼做。

他們思想也許開放，但卻不諳交際，以擅長五湖四海的台灣人眼光來看，他們簡直是孤僻，他們的活動範圍，可能因爲酷愛大自然、旅遊，而大舉涵括全世界，但令人遺憾的，朋友圈永遠只是三五好友的小聚會，他們喜歡參加滿是陌生人的熱鬧派對，原因之一，是非得如此才能讓自己走入人群，否則以挪威人傳統打發週末假日的方式，大概只會躲進山林裡的小木屋，享受與世隔絕的悠靜。

這是一個「慢熟」的人際社會，長袖善舞的人很難在這裡發揮作用，尤其當你遇到如漢斯這位標準基督徒、右派的紳士時，或許稍微收斂八面玲瓏的模樣，反而容易建立友情。

這是我初來乍到，經過三年當地生活後的印象落差，許多來自台灣的留學生也有同樣的體會，外人實在很難打入挪威人的圈子，事實上就連挪威人自己也很難打入另一群挪威人的圈子，他們習慣獨立、自主，相當懂得自得其樂，包括冬天滑雪、夏天騎腳踏車，都是可以獨立完成的娛樂，也難怪遇上團隊比賽，例如盛行於歐洲的足球，挪威人的表現便相當差勁。

挪威人是個很能自己打發時間的民族，於是這也造就了一個擁有良好閱讀習慣的社會，九成挪威人擁有固定的閱讀習慣，甚至把看書當作常年例行的休閒活動，當他們關掉手機、網路，浸淫在山上度假小木屋裡時，不是在玩填字遊戲自娛，就是看書度過一整天。而對書籍類別的偏愛，相當程度也反映出這群北歐人獨特的民族性。

對務實理性的挪威人來說，纏綿悱惻的愛情故事自然讓人提不起勁，他們要的是懸疑中又充滿邏輯推理的犯罪小說、偵探小說，凡是可以循著引人入勝的犯罪劇情，在字裡行間抽絲剝繭，都可能成為挪威人的最愛，偶爾不妨參雜一點變態行為的描述，讀來更加刺激。挪威連鎖書店ARK的統計，全國每星期約有十萬挪威人埋首在推理小說中不可自拔。挪威人家中室內照明經常昏昏暗暗，在這種氣氛下看犯罪小說，果

奧斯陸峽灣景色。

然很有味道。

以「千禧系列小說」三部曲*聲名大噪的史迪格（Stieg Larsson），是瑞典最具盛名的犯罪小說家，新聞記者出身，兼具反法西斯主義的運動者，長期和瑞典極右派唱反調，經常陷入立場相左者的威脅和恐嚇，最後因心臟病意外身故，很多他的讀者相信史迪格的死，內情並不單純，因為他的犯罪小說太過寫實，有可能是穿插了許多不為人知的事實，才導致有心人意圖將他滅口，看史迪格的小說已夠驚悚萬分，若再繪聲繪影摻入有關他死因的揣測，更加讓人毛骨悚然，而挪威人就是偏愛此道，在陽光、空氣、湖水、山林、小溪、大海建構而成的美妙自然環境下，一個個鑽入犯罪小說扣人心弦的情節。難不成小說中虛擬的角色，也會不經意鑽入了他們的內心世界？

不光是史迪格，挪威自己也有多位聲名遠播的本土犯罪小說家，像是尤・奈思博（Jo Nesbø），他被譽為挪威的奇葩，一路從搖滾樂跨足到金融業，再從金融業轉進小說界，每個領域他都以無比的天分為人器重，犯罪小說廣受歡迎的程度，則將他推上個人成就的頂峰。

蓋爾（Geir）是名書商，經常往返挪威和台灣，他的工作之一，是把在挪威出版的書籍推銷到台灣，他曾在臉書上介紹過許多產自挪威的好書，相當程度傳遞了挪威人的思緒與創意，不過沒有一本是犯罪小說，或許蓋爾不認爲犯罪小說可以代表，或者凸顯挪威的價值，但尤・奈思博單一作品即可創造銷售超過十五萬冊的成績，可能也讓我們透過另一個角度認識了挪威社會。

又或許在一個外在和諧、表面祥和的社群中，北歐犯罪小說情節所呈現出的陰暗面，其實也眞的透露出我們這些外人難以窺見的另一種北歐，無論是史迪格或是尤・奈思博的作品，都和我所認識的北歐圖像有著極大的反差，我的意思並非要拿著小說去映照我所身處的環境，而是如果故事描述的場景是倫敦、是巴黎、是紐約，對我而言，也許更容易身歷其境，怎麼可能會是斯德哥爾摩？奧斯陸？太平洋島國吐瓦魯上的居民，能不能編得出同樣複雜糾結的犯罪故事，若非現實生活不時存在

*即《龍紋身的女孩》、《玩火的女孩》及《直搗蜂窩的女孩》三部曲。

一群參加校外活動的挪威高中生。

許多幽暗的線索，北歐犯罪小說的素材又是哪裡來的養分？

「七二二事件」兇嫌布列維克所做出的一切，應該不是受到犯罪小說刺激而來，因爲他的興趣是古典樂、打獵、健身、玩暴力電玩遊戲，愛看《三百壯士》、《神鬼戰士》等拳打腳踢的電影，他是政治上的偏執狂，有自製炸藥的能力，反對外來移民，最後是以大屠殺洩憤，相當程度具備了犯罪小說中反派角色的雛形，挪威警方說：「他們完全不知道他是從哪裡冒出來的。」也許布列維克就是從那些如眞似幻的小說裡跳到了現實世界，並且一併嚇壞了所有人。

布列維克像是典型的挪威人，又不像典型的挪威人，他喜歡打獵、健身，但卻不愛看犯罪小說，雖然他活脫像個小說裡的惡棍；他信仰基督教，但他的行爲，我相信同爲基督徒的漢斯百分之百不能接受；他是政治上的極端右派，但有趣的是，曾犯下燒教堂罪刑的挪威極右派黑色金屬（Black Metal）樂手瓦格（Varg Vikernes），卻說布列維克根本是個「僞右派」。

北歐是黑色金屬音樂的濫觴，早年從歌頌惡魔、宣揚異教思想、反基督教，之後演變為反權威、反體制的意識流，嘶吼、瘋狂的樂風，配上樂手在臉上、身上塗滿的圖騰、刺青，相當懾人。台灣的閃靈樂團也是黑色金屬的一支，在北歐國家深受歡迎，他們在挪威的知名度可能更勝於在自己家鄉，有位挪威朋友曾特別拜託我想辦法向閃靈樂團索討簽名，最終我總算達其所願，而他對在亞洲紅透半邊天的周杰倫，則顯得興趣缺缺。

至於瓦格，則是個讓挪威人十分頭痛的人物，一九九三年他犯下殺人罪，合併之前燒毀教堂的罪行，被挪威法院判處二十一年極刑，關了十六年後，在二〇〇九年假釋出獄，他是挪威知名的黑色金屬樂手，但也是挪威警方公認最惡名昭彰的反社會分子。

瓦格出獄回到社會上，繼續投入創作，過去的粉絲又紛紛回籠，每隔一段時間，他就會在自己的網站上發表文章，「七二二事件」後，他立刻在個人網站針對布列維克的行為寫下長篇大論。

他對布列維克多所批評，但文章從頭至尾，瓦格並非聲討布列維克使用暴力，而是教訓布列維克誤解且濫用了極右派的招牌，因為光是布列

教堂是挪威人信仰中心，瓦格燒教堂的行為等於是直接挑戰挪威社會。

維克捍衛基督教的立場，就讓瓦格相當感冒，瓦格年輕時是個反基督分子，反猶太主義，甚至支持納粹，今天他已不提納粹思想，但仍舊對猶太人恨之入骨，因爲耶穌是猶太人，所以也該反猶太教，他相信猶太人是世界上最投機的一群，不僅在做生意時投機，還在基督教和穆斯林的交戰中扮演騎牆派，馬克思主義是猶太人設計出來荼毒人心的陷阱，洋洋灑灑上千言，一方面把布列維克修理得狗血淋頭，一方面從而再次宣傳自己極右、反左，反猶太、反基督的立場。

瓦格也許才是挪威人眞該擔心的極右分子，他以成見、偏見，建構出了強烈的意見，當其他人在檢討布列維克所帶來的悲劇時，出獄復出，重新創作的瓦格，似乎仍執意活在自己的世界，以自己信以爲眞的論述，對布列維克進行批判，但他其實是藉此又一次批評猶太人和基督徒，七十多條人命對他而言，好像只是一種無謂的犧牲，因爲最後他居然是提醒布列維克，那群在烏托島接受社會主義「洗腦」的年輕人，根本「還」不是馬克思主義的極端分子，他們只是孩子，眞正的民族主義者，則是不殺「小孩」的。

讀完瓦格寫給布列維克的文章，我才眞要倒抽一口氣，他偏執的程度，比起布列維克有過之而無不及，在他臉書的粉絲專頁，居然還有人稱讚這位老兄很帥氣。

黑色金屬音樂在北歐大行其道，演奏過程，電光石火，陰風陣陣，誇張的樂風，震耳欲聾的聲響，加上表演者本身極具個性的穿著打扮，確實處處充滿驚奇，布列維克是古典樂的愛好者，樣子十分道貌岸然，我想這可能也是一身頹廢的瓦格看他那麼不順眼的另個原因。

這眞是詭異的現象，看著一個瘋子撰文罵另一個瘋子，好像挪威人所面對的社會悲愴都與之無關，他們有他們自己依循的價值和行爲模式，也好像所有外界的討論都無法改變他們既有的想法，布列維克至今仍以個人偏執的觀點，去詮釋英國哲學家約翰・彌爾（John Stuart Mill）的名言：「一個有信念的人，可力敵十萬個只顧利益的人。」瓦格則持續高唱著反基督、反猶太的論調，且認定布列維克犯下的錯誤，不在屠殺無辜，而是不該對小孩下手；另一個錯誤則是，布列維克沒有藉此點出猶太人的罪行。

我眞希望這只是北歐犯罪小說中的情節，而不是眞人實境，去探究這些人的言行，實在比看一場恐怖電影還讓人心情沉重，他們或許不是喪心病狂的瘋子，也不是爲了搶奪財物的罪犯，或是一時血氣方剛的莽夫，而是藉由一連串偏執系統自行運轉的詭辯天才，監獄可能也阻止不了他們的犯行，因爲魔鬼就住在他們腦袋瓜裡。

每年到了五月，挪威人便開始準備迎接迷人的夏天，這個月有國慶假日，有連續假期，也是高中生即將畢業面對成人世界的日子。有整整兩個星期，路上會出現一群穿著黑色、紅色、藍色大花褲的高中生在大街小巷遊走，那是挪威高中畢業前夕的傳統，他們讓準畢業生穿上一眼即可辨識的衣裝，向眾人宣告成年禮即將來臨，大家任由他們滿街叫囂，因爲幾乎所有挪威人都曾有過這樣的待遇，過了這個月，他們就得以大人的面貌示人，搞怪、任性、調皮的個性，就在穿著大花褲的當下盡情發揮，甚至有些人還會特別租輛改裝過，內有吧檯、音響的巴士，舉國四處狂歡，那是挪威高中生獲得最大寬容的一刻，他們以瘋狂的玩耍告別青澀的歲月。

沒人知道這群高中生裡是否有另個冷得像冰的布列維克、另個充滿憎恨的瓦格，或者多數人都會是文質彬彬的漢斯，也有可能搖身一變成了和尤·奈思博一般的犯罪小說天王。天佑挪威，希望挪威人見識到的，是最後一個布列維克。

一名挪威人在事發後，投書媒體寫下了他的感觸，他說，挪威第一大報 *Verdens Gang*（也就是在挪威政府辦公大樓附近遭波及的那間報社），在「七二二事件」事發前十天，還在談論「挪威難道不是個美麗的國家」，事發後十天，則立刻轉而談論「挪威難道不是個偏執的社會」。他建議，接下來挪威媒體何不多花些時間，對自己的國家進行更深入的觀察和寫作，而非只是交替著歌頌和謾罵，畢竟沒有人可以是完美的英雄，也沒有人是徹底的惡棍。

對於我所生長的環境，這段話應該也頗受用，好在我們無需經歷那樣的悲劇，就有機會想想這樣的問題。

民族的失落感

挪威自十四世紀中葉，開始步入附庸國的漫長歲月，雖然沒有列強割據，卻是長期受制於異邦統治，恥辱豈只百年，直到二十世紀才終於重見天日。

北歐各國早化干戈爲玉帛，挪威和瑞典、丹麥的恩怨也已一筆勾銷，斯堪地那維亞半島是今天地球上最和平穩定的區域，但這不表示他們非常樂於彼此你儂我儂，相反的還更加壁壘分明，心裡想的是去他的血濃於水。

搭乘飛機從瑞典首都斯德哥爾摩往西行，穿越邊境，降落挪威首都奧斯陸，這趟航程只需一小時，跨足兩地，仍在同一時區，瑞典人卻不懷好意地提醒你，抵達目的地後記得要把手錶上的指針倒轉十年。他們眼中的挪威人，既土又俗，服裝品味奇差，財大氣粗，腦袋看來也不太靈光，說挪威落後瑞典十年，算是相當客氣。

一九〇五年挪威片面終止和瑞典之間的聯盟關係，形同宣告脫離瑞典統治，打算走上獨立之路，此舉惹惱了瑞典國王奧斯卡二世（Oscar II），盛怒的君王，立刻下令出兵攻打挪威，以求穩固自一八一四年起建立的「瑞挪聯盟」（Unionen mellom Sverige og Norge）。

挪威是當年瑞典打贏丹麥的戰利品，接收挪威後，瑞典這頭北海雄獅的版圖更形完整，兩國合併，地圖輪廓像是一具昂首挺立的男性生殖器，瑞典人的民族自信那一刻可謂如日中天。

相反的，卻是挪威人的悲劇。「瑞挪聯盟」正式成立前一年，挪威政治菁英冒著生命危險，趁著瑞典軍隊尚未抵達，偷偷在奧斯陸北方一名煉鐵廠主人家中先行草擬憲法，以此反抗瑞典的旗幟插上挪威土地，結果當然是火速遭到整肅，三兩下就在瑞典強大的武力中俯首稱臣。

當年那部埃茲伏爾（Eidsvoll：煉鐵廠所在地）憲法，如今正安詳地躺在挪威國會的展覽廳，一旁則高掛著遭逮捕處決的憲法起草者照片，少數幾位先賢的後代，因爲內心還有揮之不去的陰霾，因此拒絕讓祖先的英姿在牆上公開露面，以至於牆面上出現幾處空白。

挪威的民族獨立運動，從丹麥統治時期就已開始醞釀，直到瑞典來犯，終於一發不可收拾。同爲斯堪地那維亞國家，皆具有維京時代的顯赫歷史，挪威卻因土壤貧瘠，導致人少國窮，經濟、武力各方面表現都不如人，於是屢屢被瑞典踩在腳下，尊嚴蕩然無存，稍有反擊，只會得到瑞典更強而有力的壓制，雖然文化上造就了葛里格（Edvard Grieg）、歐布爾（Ole Bull）、諾德拉克（Rikard Nordraak）這些以宣揚民族音樂爲己任的偉大音樂家，甚至觸發挪威劇作家比昂松

〈Bjørnstjerne Bjørnson〉寫下了〈是的，我們熱愛這個國家〉（Ja, vi elsker dette landet）的詩詞（後由諾德拉克譜曲，成為今天挪威國歌），但挪威人心裡期盼的，終究是一個完全屬於挪威人自己的挪威。

這個願望在受瑞典統治九十一年後才得以實現。瑞典的和平運動者成功說服了國王奧斯卡二世，將是否願意和瑞典繼續保持聯盟關係的決定權，交還到挪威人手上，結果有九成的挪威人選擇自己當家作主，既已作出承諾，奧斯卡二世只得心不甘情不願接受事實。

挪威苦盡甘來，一九六九年靠著上帝的恩賜，在所屬海域發現石油，一夕致富，短短三十餘年，經濟發展直逼瑞典，斯堪地那維亞的蕞爾小國，一舉在國際上和昔日的宗主國丹麥、瑞典平起平坐，瑞典人想必很懊惱當時的婦人之仁，否則以今天瑞典的工業成就，加上挪威的石油收益，合而為一的兩國，非常有機會稱霸歐洲，而這也的確是瑞典政治評論家在報紙上曾發出過的嘆息聲，尤其當許多瑞典人覬覦挪威的高工資，不惜跨越國境到挪威餐廳打工，以領取相對優渥的時薪待遇時，瑞典人的優越感確實受到很大的打擊。

挪威王宮。

瑞典人沒想到挪威人會有這一天，包括每個週末都有大批挪威人開著車湧入邊境上的瑞典超市，大肆搜刮他們眼中的「便宜貨」，出手闊綽，回程滿載瑞典的酒、肉，相當具有西元八世紀挪威維京海盜駕船出帆，搶奪各地修道院的氣魄，差別在於今天他們是拿著大把鈔票在賣場內和平交易，交易對象則是過去一直以老大哥自居的瑞典。

於是瑞典人發明了許多嘲諷挪威人的笑話，藉此慰藉心中的不平。「從瑞典到挪威，手錶指針要倒轉十年」只是其一，「北歐唯有兩個國家值得敬畏，一個是芬蘭，一個是挪威，因為芬蘭人有頭腦，挪威人有石油」，這則暗諷挪威人沒頭腦的北歐諺語，應該也是出自瑞典人之手。

如此一來，我們以為如今心靈受創的應該是瑞典，感到自卑的也是瑞典，但反觀挪威，他們內心裡可能更加委屈。

在基督教化之前，挪威、瑞典和丹麥信奉同樣的神明，曾拍成電影的《雷神索爾》可為代表，他們始於同一個斯堪地那維亞民族，甚至出於同一信仰，但藉由經年累月各自對外攻城掠地，之後便漸次發展出挪威維京人、瑞典維京人和丹麥維京人。挪威維京人征服世界的雄心壯志不亞於瑞典和丹麥，成就也很驚人，但回過頭才發現自己所處的半島邊陲，竟然是天然資源最貧乏的不毛之地，當維京人告別海上征途，回歸田園農莊生活，彼此條件的優劣高下立判，瑞典、丹麥愈加國富民強，挪威則是因後天失調愈顯困苦，成了兩強之間的俎上肉。

當我走訪瑞典哥登堡（Göteborg），參觀當地一處三百年前從瑞典、丹麥駁火中倖存而來的古老建築時，你便知道瑞典人多不當挪威人是一回事。皇冠之家（Kronhuset）是哥登堡現今最古老的建築物，周邊房舍已在十七、八世紀前後，遭丹麥的砲火轟炸殆盡，皇冠之家因列入歷史遺跡聞名，一旁工藝品店的老闆娘拉著遊客滔滔不絕那段兩軍交戰歷史，語畢自己會心一笑，因爲前塵往事已成過眼雲煙，取丹麥士兵而代之的，是絡繹於途的丹麥觀光客。我問她對瑞典和挪威的歷史了解多少，她說她只記得挪威在歷史上是個很容易擺平的小國家。

當我下榻位於丹麥哥本哈根的「Wakeup」飯店，在填寫旅客資訊時，我載明目前人居住在奧斯陸，負責入房作業的服務生瞄了一眼，一語雙關地說：「你住在挪威嗎？眞可憐。」那是奧斯陸「七二二事件」

後的兩星期，服務員指的「可憐」可能是那樁慘劇，但我相信，對於眼前這位二十出頭的小男生來說，住在比丹麥不知乏味百倍的挪威，當然不會是什麼有趣的經驗。

丹麥和瑞典都自詡爲北歐的代理人，這是挪威人最尷尬之處，因爲即使今天挪威的國民平均所得、工作機會、基本工資、失業率、教育程度各項表現都不亞於丹麥和瑞典，就因爲歷史上沒有輝煌的紀錄，挪威始終成就不了北歐的代名詞。

假設一旦有人以關注丹麥或瑞典的規格討論挪威，挪威人便會表現出一副受寵若驚的滿足感。二〇一〇年，一名旅居挪威的澳洲人，將他在挪威生活的點滴記錄撰寫成書，很多篇章其實是語帶調侃描述挪威人土裡土氣的生活，在他筆下，挪威人似乎是個舉止怪異的鄉巴佬，沒見過世面，舉手投足和現代人十分格格不入，但這本書依舊在挪威大賣，榮登暢銷書排行榜，因爲挪威人對外人如何看待他們這群長期被忽略的北歐人，永遠是充滿好奇，即使字裡行間多所揶揄，有人願意花時間討論挪威人，至少仍算是件好事。

十九世紀中建成的奧斯卡城（Oscarshall）和奧斯陸西側的弗爾古納區（Frogner）隔海相望，那是由瑞典國王奧斯卡一世（Oscar I）下令興建，一九〇五年挪威獨立後，城中仍保留了奧斯卡一世的遺物，簡介爲文並且對他多所讚美，理由當然不是謝謝他對挪威統治有功，而是奧斯卡一世雖然因爲妻子是天主教徒，導致兩人始終未獲挪威基督教教會正式加冕，但他卻難能可貴，對挪威人以禮待之，還主動自學精通挪威語，而且統治之際，力求兩國國民能有平等待遇，甚至首度承認挪威的國旗，這爲挪威人的獨立自主帶來一絲希望，奧斯卡一世的座右銘是「正義和眞理」，對挪威人來說，早早讓他們擺脫瑞典的魔咒，就是一種正義和眞理。

「七二二事件」的兇嫌布列維克雖然讓挪威人顏面盡失，甚至淚流滿面，但挪威總理史托騰伯格眞情至性的表現，便適時爲自己國人製造了療傷的效果，當和挪威人總是互看不順眼的瑞典人，也大方公開稱許史托騰伯格的眞情流露，還說眞希望他是自己國家的總理時，相信挪威人已從中得到更爲溫暖的安慰。

而這也是爲什麼挪威政府、警方在處理這次危機時，明明漏洞百出，維安不力，史托騰伯格支持度卻能獲得前所未有九成支持的原因之一，在舉國情緒跌至谷底的同時，史托騰伯格穩健的領導風格，爲長期民族自信受挫的挪威人，及時帶來了一絲必要的光榮和驕傲，某種程度便足以彌補整體維安行動的缺失，以及緩和了原本應有的批判聲浪。我們大概不難想像，在挪威人心裡，身處兩強之中難爲小的國家，必然無時無刻惦記著自己渺小但仍可貴的尊嚴，有時人們對這件事的要求已然遠勝一切。

美國太平洋路德大學（Pacific Lutheran University）教授羅倫（Loren J. Anderson）於事發後發表了一篇〈今晚，我們都是挪威人〉的文章，挪威人對他簡直感激涕零，因爲那一如當年比昂松〈是的，我們熱愛這個國家〉的詩詞那般鼓舞人心。挪威人需要有人和他們一起憤怒、一起哀悼，一起因爲共同的信仰價值遭挑戰時起身反擊，因爲這是首次並非諾貝爾和平獎而使挪威受到舉世關注，對一個長期被歸爲二線的小國家來說，雪中送炭實在好過錦上添花。

今天之前，挪威人不堪瑞典人的嘲笑、諷刺，也有樣學樣，反脣相稽，一樣是拿對方的腦袋開玩笑。例如挪威人會告訴你，在瑞典游泳池游泳，當你下探到三公尺深的底層，你很有可能會看到一行字寫著「No smoking!」，因為在粗枝大葉的挪威人眼中，自以為是的瑞典人，經常多此一舉，且畫蛇添足，雖然那或許造就了瑞典IKEA的連鎖家具風潮和汽車經典工業，但瑞典人的實際生活，其實到處都是無厘頭的多餘之舉。

或者挪威人會要你注意，在瑞典喝汽水，飲料罐子的底部可能會標示著「請從上面開始喝」的愚蠢字眼；再不然就是要你猜猜看，假如在海底遇上瑞典潛水艇，什麼方法能有效擊倒對方，答案是你只需對著瑞典潛水艇的艦長揮手打招呼，對方就會不假思索開啟艙門探出頭來回禮，潛水艇於是因為進水不戰而降。這些笑話比瑞典版的還要狠毒，簡直是把瑞典人當白癡看。

否則，拿給挪威人一張照片，裡頭不明國籍的白種男孩子若打扮稍為有型，挪威人便會告訴你，這個人若非瑞典人，即是同性戀，很明顯這是在反擊瑞典人常批評他們的穿著活像個大老粗，儘管玩笑已開在足以引起衝突的邊緣仍樂此不疲。

他們對丹麥人也有神來一筆。距離市區車程三十分鐘的特爾坊（Tryvann）滑雪場，因爲場地難度不高，挑戰性低，很多初學者在此起步，所以明明它就位在奧斯陸不遠處，挪威人還是會對著你吆喝：「走吧，一起到『丹麥』滑雪場試試！」完全看貶丹麥人的滑雪技術。

挪威自十四世紀中葉，開始步入附庸國的漫長歲月，雖然沒有列強割據，卻是長期受制於異邦統治，恥辱豈只百年，直到二十世紀才終於重見天日，幸好他們和鄰國之間，只存在類似無傷大雅的挖苦、諷刺，那是不足以掀起戰火的情緒發洩，本質上她和瑞典、丹麥早已發展出和平共處的最佳模式，但民族尊嚴和自信的建立，恐怕還有一大段路要走。

當史托騰伯格在「七二二事件」後，對內信心喊話：「挪威雖是小國，卻是一個驕傲的民族。我們永不放棄我們的價值。」所謂「小國」一詞，將挪威放入北歐、歐洲的過往歷史，確實所言不假，儘管她今天已有全世界數一數二的國家財富，但若要填補數百年累積而來的民族失落感，看來是即使再多石油收益也無法一蹴可幾。

洋特法則

「洋特法則」（Jante Law），在斯堪地那維亞民族的語彙裡，那代表了一種對個人成就、才華、能力的消極態度，強調的是平凡，而非鼓勵脱穎而出。

即將上大班的約瑟夫（Joseph）模樣十分討喜，金髮碧眼，皮膚白皙，靦覥的台挪混血小男生，一歲多，媽媽帶著他逛街時被廣告公司相中，邀他為一家挪威嬰兒用品擔任代言人，當時廣告照片裡的他，嘴角還淌著口水。

他的母親是台灣人，父親是挪威人，父親跟他以挪威文溝通，母親以中文教育他，父母彼此則用英文交談，偶爾遇到外婆，還可接觸到台語。他夾坐在父母中間，左邊轉頭和爸爸講挪威文，一個轉身，立刻改口和媽媽講中文，有時還可充當翻譯，把挪威文翻成中文，把中文翻成挪威文，然後分別向父母解釋其意。

約瑟夫的腦袋裡像是有個轉換閥，可以清楚掌握面對什麼人，就用什麼語言表達，父母以為用英文對話，可以呼嚨對內容充滿好奇的約瑟夫，結果小孩學習力強，很快也就參透父母的語意，一看到我，約瑟夫總是絕口不說挪威文或英文。

他是天之驕子，父母疼愛，父母的父母更疼愛，一臉天真無邪，於是還有一堆叔叔阿姨搶著示好，從小得寵，但所幸個性溫和（至少在外人面前是如此），來自台灣的媽媽，則時時刻刻不忘以台灣的媽媽經教育約瑟夫，因爲她非常擔心，在久居挪威耳濡目染下，約瑟夫長大後會如挪威人一般，和父母感情疏離，一定不可能像台灣人的母子那樣維持親暱的關係。

有天她非常沮喪地抱怨學校太不近人情。起因於藏不住母愛，她每天都會幫約瑟夫帶上豐富的營養午餐，包括一份水果和一瓶優格，還有約瑟夫偏愛的台式料理，突然有天她接到通知，學校老師請她務必前往學校一趟，這位台灣媽媽以爲兒子在校闖禍，結果雖非如此，但她的心情並沒有好到哪去。

學校老師非常嚴肅且認眞的告訴約瑟夫的媽媽，請她下次別再替自己小孩準備那麼豐盛的營養午餐，理由居然是並非每個家庭的小朋友都能夠得到和約瑟夫相同的待遇，其他小朋友看到約瑟夫吃著這麼豐盛的午餐，可能會產生忌妒，也可能會感到莫名的自卑，長此以往，對約瑟夫，或對其他小朋友來說都不是好事，約瑟夫的媽媽說她非常難以接受，因爲對自己的小孩好是天生母性，學校怎麼可以以這樣的理由剝奪一位母親的付出，在校方強烈堅持下，最後約瑟夫的媽媽只能勉爲其難接受校方的勸告。

直到現在，約瑟夫的媽媽提及此事仍心有不平，這是什麼論調？幼稚園老師居然可以干涉一個母親的權利，只是爲了避免讓其他小朋友感覺不公平？

很清楚這就是挪威教育的特色之一，強調平等，注重和諧，而且關注自己三分，還得關注他人七分，在學校，不能發生我有、你沒有的事情，儘管「你的沒有」，並非來自於我多拿了你什麼，在你沒有時，我也必須盡可能沒有。如此一來，就不會助長比較心理，不會滋長忌妒的種子，也可以降低因爲不平衡的心態作祟，而出現行爲偏差的機會。

也許眞有幾分道理。挪威確實因此降低了校園「霸凌」事件的發生，學校裡的小朋友在減緩競爭、比較心態下，幾乎像是一群溫馴的小綿羊，青少年時期雖然也會出現輕狂的一面，但沒有人會混幫派，或者成群結黨欺負弱小，勒索同學，打架鬧事，他們從小到大從沒聽過什麼是「阿魯巴」。雖然沒有統一的校服，但也很少人會爲了上學的服裝打扮花費太多心思，或者刻意標新立異，於枝微末節上使壞、耍酷，清一色都是破球鞋、退色的牛仔褲和洗得皺巴巴的T恤，冬天一到，外頭頂多再加上一件保暖的外套。

這是一個把「平等」置於最上層的教育體系，約瑟夫的媽媽雖然出於母愛爲自己小孩多帶了盒優格，但遇上社會依循的「平等價值」，還是得收回我們習以爲常的無悔付出和無盡給予，儘管那也不過是罐優格，但這位老師很可能是擔心這罐優格將衍生出挪威所不樂見的潛在性社會問題。這所學校不僅教育教室裡的小朋友，也同時向不同文化信仰的東方人傳遞挪威的生存之道。

每年夏天舉辦的封街拍賣會上，除了琳瑯滿目吃的、穿的，有時還會出現私立學校派員到現場爲自己特有的教育方式打廣告，可以想見，不可能有人標榜嚴師出高徒或者棒下出狀元，而全是號稱啓發性的教學，強調培養小朋友的邏輯、創意和想像力，絕不保證可以幫助你的小孩考高分，當然，做這種保證也很無聊，因爲在挪威的校園，考試成績幾乎僅以A、B、C、D區分，不會有一百分和不及格的差距。

這又回到同樣的出發點，也就是不要讓成績不好的學生出現太大的挫折感，被一時的成績表現壓垮自信，以爲自己和一百分的學生有著鴻溝般的差距，至少成績A和成績D之間，只差兩步，一百分和六十分的距離，便有機會嚴重打擊落後者的信心。

這樣的信仰價值，應該要拜挪威作家艾克索（Aksel Sandemose）之賜，一九三三年，他透過小說*A Fugitive Crosses His Tracks*催生了「洋特法則」（Jante Law），在斯堪地那維亞民族的語彙裡，那代表了一種對個人成就、才華、能力的消極態度，強調的是平凡，而非鼓勵脫穎而出，轉換成正面表述，就是平等、公平的信仰，從此一路蔓延成爲北歐國家共有的價值，挪威則是奉行得最爲徹底。

雖然丹麥、瑞典後續另有大同小異的版本，但共通點就是要所有人認清楚，不要以爲你自己有任何特殊之處，也不要以爲自己比其他人優秀。當挾著種族優越主義的納粹興起，在歐洲各地造成恐慌與殺戮之際，挪威人於是更爲深信洋特法則才是救贖之道。

洋特法則的大致內容，包括不要以爲自己是特別的；不要以爲自己和其他人一樣好；不要以爲自己和其他人一樣聰明；不要說服自己，認爲自己比別人好；不要以爲自己懂得比別人多；不要以爲自己比別人重要；不要認爲自己樣樣都行；不要嘲笑他人；不要認爲別人都得在乎你；不要以爲你可以教別人任何東西。艾克索的初衷，是爲了讓社會維持在一種穩定和諧的狀態，靠著降低個人的私慾，讓我們所處的環境更爲均衡，二次戰後，洋特法則在挪威大行其道，直到今天仍對這個國家帶來深遠的影響。

看完上述十條內容，我相信很多人會產生些許矛盾，面對今天的社會，有些內容似乎深具道理，例如它確實存在謙遜美德的內涵，但又好像過於自我設限，活得太過負面。

而這也正是挪威左派工黨和右派進步黨最常發生爭執的地方。一九六九年發現石油後，挪威變得國富民強，整個社會在發展的過程，需要投入更多的效能和激發競爭力，才有和外國人一較長短的本錢，洋特法則消極的齊頭式平等，顯然有違某些挪威人的期待，那也是一九七三年進步黨成立的起因之一。

「七二二事件」發生當時，正值奧斯陸市地方選舉，此為右派政黨進步黨的競選攤位，進步黨反對外來移民的旗幟鮮明。

挪威左派政黨工黨的競選攤位，工黨對外來移民向來採取包容、開放的態度。

進步黨主席顏森曾經特別爲她反對洋特法則投書撰文，她以二〇一一年挪威舉辦世界跳台滑雪大賽爲例，所有挪威人當時都期待自己的選手能在自己國家主辦的運動賽事上耀武揚威，而挪威選手也確實不負眾望，拿下了很好的成績。

顏森於是反問，當一九八二年，挪威選手第一次在北歐滑雪大賽中贏得冠軍時，那是全挪威最歡欣鼓舞的一刻，而當下有誰會想到洋特法則告訴我們的那些事？哪一位選手在競賽的過程中，不想把對手狠狠拋在後頭，在體育競賽裡，選手讓人驕傲之處，在於積極進取的精神，如果依照洋特法則而行，挪威滑雪選手有可能在世界大賽中和其他強國一爭高下嗎？爲什麼體育競賽的場域可以擺脫洋特法則的束縛，一旦離開體育場，我們就又主動掉入洋特法則的陷阱？爲什麼體育競賽的積極性，無法適用在挪威其他地方？例如校園和醫院。

於是我們看到問題的癥結了。挪威工黨是強調平和、和諧、平等，降低競爭的政黨，進步黨則希望擺脫凡事但求平等的侷限，鼓勵大家激發個人潛能，甚至製造追求超越對手的企圖心，讓天資聰穎者不再有罪惡感，讓資質差的人也懂得努力上進，顏森從不諱言，挪威現在最悲哀之處，就是洋特法則的影響無孔不入，她的夢想之一，就是有一天挪威人可以很自豪的宣布廢除洋特法則，而這也是進步黨獲致某些挪威人支持的理由，同樣的，這也是某些挪威人對進步黨望之卻步的原因。

在工黨執政下，挪威的社會呈現高度穩定的狀態，穩定到物價飆升，電費大漲，也不見有挪威人質疑反彈，而是默默承受，行政效率比起北歐其他國家，其低落程度人盡皆知，但你總能看到挪威人苦笑兩聲後便不當一回事，但這並非全無好事，至少社會的對立、衝突不甚明顯，也很少發生因緊張的環境而導致無謂的衝突，很多挪威人脾氣好到你眞的相信那必須擁有與生俱來的修養才能辦得到。

只是缺乏競爭、刺激之下，總希望能多些活力的挪威人，開始擔心自己國家是否太過懶散、消極，甚至因爲好日子過慣了，反而失去了面對困難的抵抗力，難怪愈來愈多人動不動就以請假方式逃避工作上的責任。一名右派政客在一場研討會上對左派工黨的勞工政策大表不解，他說他從美國來到挪威，最深刻的印象，就是一到星期五，各公司機關就有一堆人掛病號，比例之多，頻率之高，相當不可思議。

顏森關心的，當然不光只是挪威校園裡的學生在可見的未來中大幅失去競爭力，或者遭壟斷的醫療體系，對於提升醫療品質的動力，永遠如老牛拖車，還有更多包括商業上或者政治上的作爲，都會出現活力衰退的危機。

洋特法則的存在，讓挪威平順地成長，在石油帶來龐大財富的同時，也因平等的信仰，讓所有人雨露均霑，對社會的穩定有很正面的幫助，但它確實也讓挪威人開始過得閒散、安逸，缺乏競爭力的下一代，回過頭恐怕只能啃食石油累積出來的老本，五千億美金的主權基金，要讓五百萬不到的挪威人各個安居樂業，眼前看來不成問題，只是當石油停產的一天，會暴露出什麼問題，眞的值得好好推敲一下。

說實話，我贊成約瑟夫老師的論點，身爲家長，在對子女付出的同時，應該更進一步理解處於那樣的環境，對小孩什麼是好、什麼是壞，而非純然由母性，或者既有的思考價値決定，但我也同意顏森部分觀點，洋特法則恐怕也非不容挑戰的聖經。

布列維克生長在洋特法則盛行的挪威社會，卻成了一名優越感極重的偏執狂，即使有與之理念相近的進步黨存在，似乎也沒有舒緩他自我油然而生的孤獨感，挪威媒體於是才問，在我們和諧的社會體系下，七月二十二日那一天，為什麼布列維克會認為自己是孤單的。他也許是洋特法則的漏網之魚，但若為了布列維克否定洋特法則的意義，便有點失之武斷，假設藉由一個狂人的出現，能找出今天的挪威社會，究竟需要什麼樣的新理想價值，也算是不幸中的大幸。

我相信一個受創的社會，需要時間和平穩的心情去思索重回軌道之路，當外人拿著這起悲劇對著左派、右派、種族優越、種族歧視侃侃而談的同時，挪威人是以相對冷靜的態度，試著去理解這則他們從未想像過的難題，而我也相信，這樣一個充滿無奈和心酸的震撼教育，絕對很難在七嘴八舌的談話性節目中找到任何解答，還好，挪威人並不熱中於此道。

寬容主義

二十世紀初，瑞典人阿芙烈得·諾貝爾在遺囑中特立諾貝爾和平獎必須在這座城市頒贈後，奧斯陸今天於是以作為和平獎頒獎典禮的主人聲名大噪，它讓和平獎得主在此獲得無上光榮，和平獎得主也讓它同獲榮耀。

〈Speak Softly Love〉淒涼悲愴的曲目，從阿克爾港邊（Aker Brygge）蕩蕩悠悠傳來，一名移居奧斯陸的羅馬尼亞難民，捧著殘破的手風琴，為來往遊客彈奏出這首七〇年代電影《教父》的主題曲。鴨舌帽擋住了他的前額，卻遮不住其下滿臉的風霜，餘生或許再歸不了故土，只盼藉由這座城市的慈悲，流離失所的前塵往事從此戛然而止。

歷年「全球物價最高城市」頭銜，讓人誤以為奧斯陸冷峻高不可攀，它極不親切的生活消費，確實嚇壞許多到訪旅人，但它寬大為懷的難民政策，則為自己贏得難以計價的「人權之都」、「和平之城」美名。

當地一客九十挪威克朗（NOK），折合台幣四百五十元的麥當勞套餐，實在讓人難以下嚥；超商架上一罐五百cc可口可樂要價台幣一百二十五元，難道是搶劫；城市裡每一件商品，都以約莫台北市五倍的價格震懾我這外地人，眞想立刻逃之夭夭。

不過，就在人們為奧斯陸的高物價瞠目結舌的同時，他們也確實看到了這座城市的另一張臉孔。

二十世紀中越戰爆發，許多越南人為躲避戰火逃離國外，結果是淪落海上漂流，性命無以爲繼，若非幸獲奧斯陸商船營救，海上孤魂在所難免，這些人而後相繼從半個地球外的阿克爾港上岸，挪威政府出手相助，讓遠離家鄉的越南人從此在連作夢都想不到的奧斯陸安身立命。

三十餘年後，時至今日，當初年輕力壯的小夥子各個頭髮花白，一個個在奧斯陸落地生根，也爲他們今天尚在越南的下一代，指引出另一種異地生活。他們勤於工作，廚藝精湛，並以相對廉價的越南餐館、超市回饋奧斯陸市，位在奧斯陸中央車站（Jernbanetorget）不遠處，一間取名「Saigon」（胡志明市）的餐館，座標偏僻，外觀既不顯眼，內裝更是簡陋，卻風味獨特，在當地遠近馳名，招牌歷久不衰，連奧斯陸人也樂於光顧打牙祭。

二〇〇〇年，日本料理首度跨海引進奧斯陸，沒想到以當地生鮮鮭魚所製作的握壽司，竟和奧斯陸人口味一拍即合，奧斯陸如今滿城盡是日本料理，只不過店裡大廚清一色統統都是越南人，而且他們同時還能炒出拿手的泰國菜。

挪威以人道主義示人，奧斯陸一如人權之國的大門，數十年展開雙手，接濟援助受政府迫害的各國人民不知凡幾。越南之後，觸角還伸向動盪的中東，以及深受饑荒所苦的非洲和其他貧困交迫的歐洲小國。於是走在奧斯陸街上，很輕易便可遇上來自巴基斯坦、伊拉克、阿富汗、索馬利亞、科索沃或者羅馬尼亞等完全不同面容的移居者，他們以難民身分在此取得新生，等待有朝一日可以抹去次等公民的印記。

那位在阿克爾港邊彈奏〈Speak Softly Love〉的羅馬尼亞人，我不知道他背負著什麼樣令人鼻酸的故事，又或者他是不是很慶幸自己的命運已然改觀，但我想他和其他遠離家園的難民一樣，終於可以在奧斯陸這個迥異於家鄉的城市，安安穩穩享有好眠，儘管那曲調似乎是在映照他憂傷的心境。

又或者，他以〈Speak Softly Love〉吸引了剛從阿克爾港邊高檔餐廳飽食而出的奧斯陸人駐足聆聽，當這些人趨前投下兩枚硬幣作爲讚賞，銅板敲擊出的清脆聲響，也同時觸及他的心弦，當羅馬尼亞人脫下帽子示意，嘴角淺淺上揚，這位身無分文、兩袖清風的老先生，在全世界物價最高的城市得以露齒微笑，讓人看了有說不出的美麗及酸澀。

諾貝爾和平獎頒獎地點：奧斯陸市政廳

緊鄰阿克爾港邊的奧斯陸市政廳，無法和其他歐洲大城的歷史建築匹敵，也實在很難端賴本身而偉大，但二十世紀初，瑞典人阿芙烈得・諾貝爾（Alfred Nobel）在遺囑中特立諾貝爾和平獎必須在這座城市頒贈後，奧斯陸今天於是以作爲和平獎頒獎典禮的主人聲名大噪，它讓和平獎得主在此獲得無上光榮，和平獎得主也讓它同獲榮耀，諾貝爾當年對於和平獎的遺志，已藉由奧斯陸市，將紙上談兵的理想，轉而走上人道主義、人道精神的實踐之路，挪威人也藉著奧斯陸市的揚帆而起，有機會扮演西方版的「魯仲連」，讓挪威不光只在滑雪場的舞台上獲得旁人掌聲鼓勵。

一九九三年，一紙象徵以色列、巴勒斯坦握手言和的《奧斯陸協議》（*The Oslo accords*）在奧斯陸祕密簽下，無奈事後功敗垂成，加薩走廊今天依舊如殺戮戰場，但人類世界和平之事未盡，奧斯陸的責任自當未了，諾貝爾和平獎能在奧斯陸頒贈，是奧斯陸人的機運，藉此機運而將和平的精神發揚光大，則是靠後代子孫寬厚的胸懷，奧斯陸身爲歐洲對難民最寬容的城市，或許正是因諾貝爾和平獎光輝而來的另一種加冕。

自奧斯陸頒贈和平獎開始，接續將人道主義擴及於世，就此注定這個城市要走一條有別於歐洲大城的路，它的歷史比不上羅馬，時尚遠不及巴黎，較之柏林，值得談論的往事簡直付之闕如，它也欠缺倫敦的自負，北歐國家引以為傲的工業設計又總落於哥本哈根之後，素有北歐首都之稱的斯德哥爾摩，更是永遠一副老大哥之姿，不讓奧斯陸有絲毫機會僭越其前。但她卻是中東、非洲許多流離失所難民的天堂，而挪威人也以有這座寬大為懷的城市感到自豪。

挪威直到上個世紀仍居於歐洲小國處境，因石油改頭換面後，激發出她強烈的企圖心，希望在二十一世紀能取得和大國之間並駕齊驅的地位。不過她並非以壯大軍容、窮兵黷武作為發展方向，而是像開糧賑災的仕紳，對著窮苦弱小寒冬送暖，給予其他國家實質的財力奧援，以換得對方的認同和尊敬。

當歐洲各國相繼陷入財政危機時，一向被視為小國的挪威反大方扮演眾人的財神，曾經一出手就和立陶宛簽下了近八千三百萬歐元的金援案，但她的主要目的，卻是為了協助立陶宛在經濟困頓之際，能持續維持民主、人權和打擊犯罪，同時兼顧保護環境。這就是挪威的援外之道，她金援希臘，條件之一，竟然是要求希臘政府能改善對難民的庇護政策；當歐洲自由貿易聯盟把援助西班牙、葡萄牙的資金從一點三億歐元調高到一點八億歐元時，出資百分之九十五的挪威，則是規定受援國至少要將其中的一億歐元用於因應氣候變遷，以及消弭種族歧視和保障民主人權。

北歐國家目前對世界各地的經濟援助，占了全世界整體援助規模的一成，根據經濟合作開發組織（OECD）的統計，若以單一國家的援助規模，挪威已居於世界第一，過去皆視挪威爲小跟班的北歐大國瑞典、丹麥，只分居第三、第四。而在持續擴大援外規模的同時，挪威投資在世界各國氣候變遷計畫裡的經費，也是一枝獨秀，始終高居第一位。

當然，假設受援國濫用了挪威人的美意，挪威人也會毫不客氣討回援助款項。二〇〇七年，挪威發現主要援助對象之一——衣索比亞，疑似利用國際援助的資金，暗中打壓國內反對陣營，挪威國家審計單位商請挪威外交部介入調查，結果挪威駐衣索比亞的外交官反遭到衣索比亞政府驅逐。

這極不光彩的經驗促成了二〇〇九年挪威外交部成立了援助基金防濫用委員會，追蹤送到援助者手上的每一筆錢，若發現對方不當使用捐款，便立刻向其索回。二〇一一年，馬拉威政府便因此奉還了來自挪威的一億五千萬歐元援助資金，理由正是遭援助基金防濫用委員會發現，其中有馬拉威官員中飽私囊。

援外的手段，在挪威國內當然也有不少人抱持懷疑的態度，尤其當挪威將援助資金的使用目的，設限在自己國家所認定的價值上時，有時的確引起「干預他國內政」的批評，挪威和平研究機構負責人克莉絲汀（Kristian Berg Harpviken）經常撰文批評挪威政府以和平爲名的援外政策，其中大多都是出於自身利益考量，而非純粹出於和平的初始立場。挪威外交部長史托勒（Jonas Gahr Støre）倒是語帶滑頭，聲稱國家的援外政策，應該盡可能避免兩種極端出現，例如傳教士的理想主義或者師心自用的利己主義，而他相信挪威正走在兩者間的那條道路上。

至於布列維克之流所關切的，當然已跳脫援外目的是否正確，而是緊盯著阿克爾港邊的羅馬尼亞難民瓜分了挪威人多少社會福利資源;挪威人的高額稅賦,又有多少是流入路邊索馬利亞乞丐的口袋裡;日益群聚壯大的穆斯林,是如何聯手破壞當地房地產行情。挪威在往理想主義邁進時,同步也創造出了一群極端利己者的出現,他們視寬容、多元於畏途,且漸漸營造出一群相互取暖的少數菁英,甚至認爲自己是受迫害的一方,然後暗暗仇視著他們眼中另一群劣等的公民。我希望這只是小國在邁向開放過程的陣痛,否則那位羅馬尼亞老兄彈奏〈Speak Softly Love〉時,曲調訴說的就不光是屬於自己的悲哀。

奧斯陸努力扮演稱職的寬容城市,挪威像是個到處撒錢的大善人,二十世紀七〇年代而後短短三十餘年,這個國家的面貌出現了極大的改變,很多挪威人可能自己都快認不得自己是誰。這個國家以基督教立國,卻也不斷透過自我挑戰,測試著基督教國家寬容的底線,包括城市裡第一座清眞寺出現,第一間穆斯林小學落成,雨後春筍的中東超市,以及滿街頭覆面紗的穆斯林婦女,一再刺激某些挪威人的敏感神經,若再把對同性戀的包容放進這個國家,那簡直要讓人抓狂。

同性戀的議題曾在挪威歷經十多年的辯論，它比宗教多元化遇上更大的阻力，直到近年終於接受同性戀婚姻合法化，不僅可以合法結婚，還可以合法生子。挪威同性戀曾遭受比外來移民更嚴重的歧視，如今每年則可放心大膽地舉辦盛大的同性戀遊行，而我們也才理解到這個國家原來處處帶有保守的本質，它的開放、多元，很多其實是後天勉力爲之。

時至今日，同性戀已經在這個國家獲得普遍認可，許多對來自其他國家的「新人」，也是因挪威的包容，不辭千里選擇飛來這裡完成終身大事，雖然大家都知道，此刻仍有某些人藏身在角落對著街上的同性戀指指點點，如同他們對外來移民的鄙夷態度，但幸好要讓同性戀者站在陽光下已並非難事。布列維克曾說他對母親不滿的理由，是因爲他媽媽從小讓他和姊姊生活在一起，害得他變得有點娘娘腔，不難想見，他對同性戀者，應該也是一如他對外來移民的排斥。

一個強調包容，多元，甚至可以容許很多基本價値衝突的社會，卻仍免不了產生布列維克這類的怪胎，我想這是最讓挪威人傷心欲絕之處，我知道很多挪威人對於外來移民，或者對同性戀，或者對國家像凱子一樣到處施捨的舉動，都有著強烈的反彈和不解，但他們仍以絕佳的自制力，努力克服心態上的障礙，以另一套有別於根深柢固的思考，去面對自己國家的改變。

挪威既有的理想主義者確實相當偉大，遊走在理想和利己主義之間的挪威人也所在多有，更有為數不少的挪威人，必須花費很大的力氣，去說服自己包容異己，至少看到膚色不同的人從身旁走過，可以無需露出嫌惡的眼光，有朝一日，自己終將體悟挪威小國之所以受人敬重，並非來自石油的財富。能夠順利孕育一個寬容的社會，這樣的貢獻應該遠勝石油，而布列維克，應該就是跨越不了那道障礙的失敗者。

百家爭鳴

挪威是一個開放移民資歷尚淺的社會，她可能還有很長一段路必須學習如何和「異族文化」共處，甚至也得思考如何避免在追求包容社會的同時，卻在自己國家原有的組成中黨同伐異。

每隔一個月，我就會嫌我的頭髮太長，尤其兩側耳邊毛茸茸的鬢髮總是顯得特別礙眼，非得找間理髮店將它修得清清爽爽，否則就會覺得渾身不對勁，只是這種習慣一旦帶到奧斯陸，便形成了一種困擾，讓我十分掙扎。

如果我選擇店面新潮，標榜有設計師駐店的理髮廳，則剪一次頭髮的要價，簡直讓你不可思議，七百挪威克朗起跳，將近三千七百元台幣，我不相信我這顆頭需要到這樣的待遇，而你也別奢望他會順便替你洗頭、潤髮，或者有任何按摩肩膀以及咖啡、紅茶等茶水服務。以我但求簡潔俐落的髮型，應該二十分鐘內即可達到我的需求，三千七百元台幣？實在太沒道理。

於是我改而轉往中東移民群聚的格陵蘭區，那裡店家多，價錢也多在可接受範圍，男性剪一次頭髮，雖然仍得一百五十挪威克朗，約七百九十元台幣，但至少只需四分之一的價錢就能完成所願。

中東移民開設的理髮廳，環境當然不比挪威當地人開設的店面，滿地都是前一位客人散落留下的毛髮，永遠清不乾淨，剪刀上一樣殘留著髮絲，梳子則是油油亮亮，不知已滑過多少人的腦袋，電動剃刀的刀片我想也是完全不做清潔便在同一天之內重複使用好幾回。這是貪便宜的代價，雖然對我來說，這其實一點也不算便宜。

麻煩的事還在後頭。中東移民移居挪威，必須接受法定的挪威語教學，所以這些中東移民平日除了使用自己國家的語言，漸漸也可以挪威文相互交談，對英文的使用則是較爲生疏，偏偏我迄今仍對挪威文一竅不通，只好盡可能以英文讓替我剪髮的大叔明瞭我的需求。但也許我的表達能力欠佳，每次從中東移民的理髮店走出門，都會有種想鑽到地底下的羞愧感，我只希望稍微修剪一下兩側和後端的頭髮，結果接下來好幾個星期幾乎都是以平頭示人，而且偶爾還會發生左右兩邊髮線不對稱的慘劇。不過話說回來，這也不是全無好處，至少我一個月剪一次髮的習慣，可以延長至兩個月以上才進理髮廳一趟。

我之所以捨棄挪威人開設的理髮廳，願意忍受中東移民在我頭上發揮創意，當然是爲了省錢，只是當時另有折衷的選擇，我卻還是寧可到格陵蘭區冒險。

那是開在住家樓下一間挪威傳統理髮廳，內有兩位挪威老先生負責看店，剪髮用的座椅是傳統可以扳平，讓你躺著刮鬍鬚的老式椅子，很多人小時候應該有過這樣的經驗，因爲身高不夠，理髮師還會在椅子上墊起一塊洗衣板替你增加高度。在挪威這類理髮廳剪頭髮，價錢仍貴，但還不至於讓人瞠目結舌，三百挪威克朗，至少換來品質保證。

我試過一次，結果髮型尚可，卻不是愉快的經驗。在我走入店裡，其中一位老先生立刻撇過頭轉身離開，看來不是很歡迎我上門光顧，當他的同伴替我剪髮，而我約略表達我的需求時，他則在一旁以挪威文細聲地叨叨唸唸。往後每回當我經過他的店門口，主動向這位老先生揮手打招呼，他的態度從未改變，不是轉身離開，就是視我爲無物，他雖然沒有明顯不禮貌之舉，但你可以很清楚感受到，當你出現在他眼前時，他並不是很開心。

雖然也有許多挪威人對我熱情以待，但我漸漸理解，我所身處的環境，未如我想像中那樣太平，問題可能不是我哪裡冒犯了那位老先生，而是那位老先生很可能是把他對外來移民的負面觀感，毫不掩飾地投射

奧斯陸格陵蘭區是外來移民群聚的區域。

到所有和他長得不一樣的人身上。挪威基督教民主黨曾經強烈批判挪威政黨工黨所倡議的多元文化社會，已因爲一古腦多元、開放的政策，讓土生土長的挪威人大爲焦慮，還逐漸將挪威分裂成贊成多元和反對多元兩個社會。看來實際上確實有這種氣氛存在。

二〇〇四年，挪威衛生部曾經一度終止醫院因宗教原因而來的割禮服務，但到了二〇一〇年，挪威衛生部又收回成命，轉而強制要求地區衛生單位應該提供民眾免費割包皮，當時挪威社會正蔓延著一股反猶太主義的聲浪，那是出於以色列在加薩走廊戰事中，無端波及平民而來，挪威政府則以免費割包皮展現挪威尊重多元文化的決心，不因反以色列進而演變成反猶太，而後成爲種族的對立，導致挪威的信仰價值遭侵犯。倡議多元主義的挪威人雖然覺得這一步有點阿Q，對部分保守的挪威人來說，那是對自己忍耐底線相當震撼的挑戰。

挪威外交部長史托勒曾在參訪位於奧斯陸的猶太教堂時，特意對著一同參觀猶太教堂的小學生講述挪威歷史，並且自我檢討挪威在對待少數民族上，直到今天其實仍沒有太多值得驕傲之處，最後他是以「在挪威的猶太人，就是我們的猶太人」做結論，希望這個國家在寬容、多元上還能再接再厲，經媒體播送這段談話，他的民意支持度又上升不少。

但事態的演變，並沒有讓獲得多數民眾支持的挪威政府鬆口氣，反而又衍生出更棘手的問題。設於挪威的伊斯蘭理事會（Islamic Council of Norway（IRN））之後居然堂而皇之，大肆鼓勵居住在挪威的穆斯林必須排斥、遠離猶太人，要盡可能避免接觸任何有關猶太人的事物。挪威衛生部免費割禮服務的政策，挪威伊斯蘭理事會想必更是嗤之以鼻。

接著又有新聞傳出，伊朗政府非常有可能正有計畫地送出伊斯蘭教學者到挪威，以難民當掩飾，進入當地清眞寺後，暗中遂行散播反西方的情緒，甚至意圖唆使挪威穆斯林參與恐怖行動。鋒頭當下，一位伊斯蘭教神學家卡瑞卡（Krekar）二〇一〇年因爲遭懷疑參與類似行動而被挪威政府驅逐出境，他卻在臨走前一刻自行召開國際記者會，揚言以電話遙控自殺炸彈，在任何可能的地方發動恐怖攻擊，且威脅如果他因爲被挪威政府遣送回國而不幸「意外死亡」，挪威必然要爲此付出代價，同時還詛咒將趕走他的挪威政治人物，也會得到同樣的報應。

卡瑞卡在挪威人的地盤撒野，狂妄的言行在挪威社會引起一陣騷動，事隔一年，極端反穆斯林分子布列維克發動了挪威國難，以他總是盯著穆斯林一言一行的作風，卡瑞卡當年的言論必然嚴重刺激到他，只不過他選擇的那條路，正好實踐了卡瑞卡的詛咒。

就在反猶太氣氛經少數穆斯林刻意渲染，挪威中央黨國會議員奧拉（Ola Borten Moe）曾在國會殿堂慷慨激昂，批評激進的伊斯蘭主義已等同於納粹主義，他說他試著將激進伊斯蘭主義的意識形態，和納粹主義、法西斯主義、共產主義進行比較，結果發現這些意識形態皆具有擴張和暴力的本質，我想他萬萬沒想到，摻雜在人群中，純種挪威白人布列維克的破壞性，居然不下於伊斯蘭極端主義恐怖分子。

我在挪威生活這幾年下來，三天兩頭就會看到報上新聞對伊斯蘭極端主義的評論，當地媒體曾經刊出一封疑似伊斯蘭極端主義組織招聘成員的文章，挪威國安部門爲此提出警告，因爲他們相信這些人正透過時下最流行的臉書互通有無，或者利用一些網路聊天室系統交換訊息，甚至原本一些屬於溫和派的網站，也有極端分子滲入，頓時間，網路也成爲挪威伊斯蘭極端主義分子重要的使用管道。而布列維克或許反而因此找到掩蓋犯行的帷幕，因爲挪威警方所有的目光都盯著伊斯蘭極端主義，而忽略了因此冒出來的另一種極端分子。

二〇一〇年秋天，挪威教育部終於同意成立第一間穆斯林學校，並且將這所學校定名爲「和平學校」，可對外招收兩百名學生，這是挪威目前九十五間私立基督教學校之外，唯一一所穆斯林學校，他們將根據《可蘭經》，以及伊斯蘭教先知穆罕默德所傳達的教義，作爲學校授課內容。

伊斯蘭教早已成爲挪威第二大宗教，挪威國內穆斯林教徒，自二〇〇〇年以來快速增加了百分之四十，穆斯林組織也增加了百分之三十七，有一百二十六個穆斯林的集會曾受到政府補助。挪威目前登記有案的各宗教教徒中，穆斯林占了百分之二十一點五（九萬八千九百五十三人），基督教徒則有百分之五十四點四（二十四萬五千六百六十四人），其餘宗教的教徒總和僅有百分之五點三。穆斯林學校出現的理由很簡單，在宗教平等下，可以有基督教學校專責教授《聖經》，爲什麼不能有穆斯林學校教授《可蘭經》。

另個問題，更是糾纏挪威社會多年而無定論，至今兩方依舊你來我往喋喋不休。

右派的進步黨多次在國會中提案，要求挪威政府應該思考禁止在公共場所穿著將自己全身覆蓋住的宗教性服飾，這當然是針對穆斯林婦女的面紗（hijab）裝扮而來，進步黨更以保障穆斯林女權為理由，呼籲挪威政府應該協助她們從宗教的約束中解放，也就是強迫婦女穿戴頭巾，本身就是一種有辱女權的行為，隱含了對女性的征服，但挪威社會顧忌的是，若立法禁止穿戴頭巾，難不成是將穆斯林婦女穿戴頭巾這件事當成犯罪行為，而這又直接牴觸了宗教自由的眞義。

進步黨退而求其次，改為要求日後應該禁止女學生披戴伊斯蘭教的頭巾到學校上課，但這項提案，更無法獲得多數挪威人支持。對多數挪威人來說，那應該是只有在極權社會才會發生的事，因為不喜歡某件事是一回事，透過法令去禁止自己不喜歡的事情，便又是另一回事了。弔詭的反應來了，當挪威司法部同意挪威穆斯林女警可以穿戴伊斯蘭頭巾值勤時，挪威社會又一面倒反對。

挪威進步黨主席顏森個性向來強硬，儘管長期被批評立論太過尖銳，但她反極端伊斯蘭主義的立場一直穩若泰山。她曾說過打擊激進伊斯蘭主義和打擊納粹主義一樣重要，盛讚挪威在過去的歷史經驗中，已成功地戰勝了極權主義的意識形態，今天則是要向極端伊斯蘭主義宣戰，因為那正是一種黑暗和邪惡意識形態的代表，尤其對女權的打壓更令人無法接受，她誓言反對到底。

或許因為強烈的意識形態，顏森忽略了伊斯蘭教不僅是一種純粹的宗教理論，還包括他們自己的政治、經濟制度，以及文化和自有的一套道德標準，有關婦女人權問題，只是其中一項環節而已，而更可能的是，同樣的問題也落在另一方，因為即便是站在同情穆斯林，甚或倡言開放、多元、包容的意見裡，有時也會因為簡化的口號，忽略了同樣的事實。

根據挪威國家統計局（SSB）調查，有超過百分之五十的挪威移民，在挪威曾遇到不同形式的歧視，這比例並不算低，我應該也算身歷其境。布列維克證明了歧視的存在，也證明了歧視加上扭曲的人格，天堂也會變成煉獄，挪威是一個開放移民資歷尚淺的社會，她可能還有很長一段路必須學習如何和「異族文化」共處，甚至也得思考如何避免在追求包容社會的同時，卻在自己國家原有的組成中黨同伐異。

挪威《每日周刊》（*DagenMagazinet*）調查統計，自從二〇〇五年爆發「穆罕默德諷刺漫畫事件」後（挪威媒體借用丹麥漫畫家諷刺穆罕默德的漫畫，造成挪威穆斯林在奧斯陸發生抗議暴動），有將近四成的挪威民眾認爲往後挪威媒體在報導相關新聞時，有動輒得咎，自我新聞檢查，或者刻意態度趨於謹慎的現象。「七二二事件」後，有挪威民眾投書要求進步黨從今以後，必須對它一貫以來的移民威脅論噤聲。這種改變，是否就眞的有助於多元社會的穩定，我其實頗爲懷疑。

理髮廳裡，那位老是不理我的歐吉桑，在和我四目相對時，我相信他的心裡絕對比我更不好受，在他心甘情願爲我剪頭，而我也不用擔心他手上的剃刀會突然抵住我的喉嚨之前，我覺得挪威繼續維持之前的百家爭鳴，或許更有助於他們找到更適切的多元之路。

宵小橫行

他國犯罪集團在挪威「移動犯罪」的情況愈來愈嚴重，讓挪威警方相當頭痛，但讓他們感到麻煩的，好像不在於自己城市形象受損，而是國內監獄快被外國人塞爆。

我把相機擺在桌上，用夾克覆蓋，轉身離開座位，步向距離五公尺外的洗手間，迅速清洗雙手，準備享用剛剛點好的一客麥當勞鱈魚堡套餐，回頭掀開夾克，彷彿變魔術一般，相機已不翼而飛，事發前後不到一分鐘。我在奧斯陸市政中心附近巷子裡的一間麥當勞，告別用了兩年的富士相機。

總計我來奧斯陸兩年四個月，被偷了一輛腳踏車、一座擺飾用的小石獅子，此外就是最新貢獻給黑市的這台相機。這好像是每年夏天的例行儀式，一到七、八月，奧斯陸宵小橫行，原以爲那只是觀光區被渲染誇張的傳說，沒想到偷竊的案例只增不減。

一名台灣留學生也曾在市政廳附近，被兩名行蹤詭異的年輕人扒走掛在頸子上的金項鍊，聽到他的遭遇，我自信滿滿那種事情不可能發生在我身上。隔年，我卻不知道什麼時候被盯住，一名穿著邋遢，滿臉鬍渣，在我身旁不斷故做友善樣的中年人，操著我半點也聽不懂的語言，一會兒絆我的腳，一回兒則想勾我的肩，剛開始我以爲這只是對觀光客一種無聊、挑釁的玩笑，直到有點被惹毛了，才警覺可能我已成爲他眼中的肥羊，隨即跳開三尺，嚴斥他離我遠點，迎面而來另個年輕人和我擦身而過，拍拍我的肩然後帶著一臉竊笑往那名中年男子方向走去，而後我站在遠方看著那兩位仁兄到底打什麼主意，才發現他們同行一夥至少有三人，擺明就是在計畫如何對來往遊客偷拐搶騙。地點一樣是在我相機遭竊的那家麥當勞附近。

歐洲慣竊猖獗，我原以為奧斯陸應該可以倖免於難，如今走在街上我也不敢太過自信，我曾在荷蘭阿姆斯特丹街頭遇到向我盤檢，要求我提供護照和皮夾的假警察（沒穿制服，只是亮了一下模糊不清的證件），幸好我當時轉身往下榻的飯店拔腿就跑，才逃過一劫，飯店櫃台人員說算我好運，因為阿姆斯特丹從不會有便衣警察攔檢遊客，那人絕對是不懷好意的壞蛋。

我發現他們的外貌多半一個模樣，深黑色的頭髮，髮型捲曲，黝黑的皮膚，身材要不稍嫌瘦小就是體型渾厚矮胖，挪威警方相信這群人是屬於東歐某些竊盜集團，這麼說並非他們不明就裡，只想把問題歸罪給外人，而是你確實一眼即可認出他們並非挪威人。

二〇一〇年，挪威宣布，歐洲經濟區國家（幾乎包含所有歐洲國家）的人民，未來到挪威工作皆不再需要申請居留許可，手續簡化到只要在抵達挪威後，去向當地警察局登記即可，爲其他國家人民大開方便之門，雖然減少了他國人士到挪威工作的行政程序，但也提供了一些賊頭賊腦的人使壞的機會。

當你翻閱這個國家警方做出的犯罪統計，你大概隱約可以嗅出這個國家的另個問題。在挪威境內外國國民犯罪紀錄，以羅馬尼亞表現最差（也難怪挪威免工作居留許可的對象將羅馬尼亞排除在外），其次爲波蘭人和立陶宛人。二〇〇〇年，由羅馬尼亞人犯下的竊盜案共有六十起，二〇〇六年增加到三百四十起，但光是二〇一〇年前半年，羅馬尼亞人的犯罪數量就已高達一千五百八十件。波蘭人最高峰爲二〇〇六年的一千四百四十二件，列名第三的立陶宛人，最高峰爲二〇〇六年的一千兩百一十三件。

這些犯罪十之八九和竊盜有關，挪威警方於是設立了一個特別行動小組，針對這些偷了就跑的「移動犯罪」進行危機控管，一旦抓到這些外國犯罪者，便先行羈押，直到驅逐出境。但顯然成效不彰，犯罪率年年上升，這群多半來自東歐的小偷簡直是如入無人之境。

「七二二事件」發生當時，正巧是挪威旅遊旺季，後續旅遊團幾乎不受這則新聞影響，溫涼的夏天，照樣吸引了來自酷暑的南歐、美加觀光客，當然還包括不少台灣團。結果每隔一段時間，就會聽到又有台灣觀光客護照遭偷、遭扒的消息，有輛從瑞典一路遊覽到奧斯陸的觀光巴士，暫停在市中心某條大街等待團員時，還被擊破車窗，慘遭洗劫，而且看得出來都是朝「護照」下手。兩個月不到，至少十本台灣護照不翼而飛，讓人爲之掃興。

目前奧斯陸監獄裡，十個囚犯有七個會是外國人。二〇〇〇年，外國囚犯的比例也不過百分之三十，目前挪威外國囚犯的比例已上升至七成。二〇一〇年，奧斯陸的監獄裡，共有來自六十個國家的四百名囚犯。同年度上半年，被奧斯陸警方逮捕的嫌疑犯，挪威本國人有兩千三百六十三人，外籍人士竟有兩千五百六十四人。我想一個再如何寬容、開放、多元的社會，應該也很難接受引狼入室的結果吧。

彼鐸街（Bygdøy Alle）一路往市政廳方向走，是奧斯陸最高檔的精品名店區，直到國會後方的ＬＶ專賣店，所有店家傍晚打烊，也就熄燈關門，幾乎不見有任何商家會再額外安上鐵柵門以防有人破窗而入，這確實是治安良好的象徵，但奧斯陸宵小的犯罪特色，或許不在夜深人靜行動，而是光天化日，在遊客的眼皮下靠著俐落的手腳作案，台灣觀光客的護照，我的相機，腳踏車，乃至那位留學生頸上的金條都是犧牲品。

他國犯罪集團在挪威「移動犯罪」的情況愈來愈嚴重，讓挪威警方相當頭痛，但讓他們感到麻煩的，好像不在於自己城市形象受損，而是國內監獄快被外國人塞爆，尤其挪威監獄重視人權的程度，對許多東歐的罪犯來說，關在那裡就像是在度假。挪威花了好大的力氣，才和羅馬尼亞簽訂犯人引渡協議，協議一成，挪威司法部馬上對外宣布這個好消息，很高興未來驅逐令無需再公文旅行到犯罪者的原籍國，之後沒多久，挪威就急急忙忙送走了將近八十名羅馬尼亞人犯。接下來，還有立陶宛、波蘭、愛沙尼亞、保加利亞、越南等國囚犯相繼被送走，而且只有極少數是主動要求移監，一直到「七二二事件」爆發之前，挪威的監獄還關著一千多名外國囚犯。

二〇一〇年冬天，我和太太從奧斯陸城北的麥優士敦區（Majorstuen），搬往城西的弗羅古納爾，相中一間正好位在彼鐸街上二樓新穎舒適的新式公寓，同時競爭者還有一對挪威夫妻，結果房東檢閱了雙方的背景資料後，還是決定租給「自己人」，眞讓人失落至極。

直到輾轉發現另一處屋齡雖老，卻別具北歐風味的舊式房舍，才又柳暗花明，這回半路殺出程咬金的，是一對羅馬尼亞老夫婦，上午才和他們一起參觀完屋內環境，下午我就接到房屋仲介的通知，房東說他非常樂意將房子租給我們。這對羅馬尼亞老夫婦聽說後來因爲屢屢碰壁，只好搬到奧斯陸城外。這實在不是什麼值得驕傲的事，它只說明了，在挪威人心中，還是有遠近親疏的差別，甚至會因貴國形象和過往紀錄，自然而生以刻板印象判斷你會不會是個麻煩。顯然挪威警方公布羅馬尼亞在挪威境內犯罪紀錄時，雖然補了一句：「絕大多數羅馬尼亞人都是奉公守法的好市民。」但多數人應該只記住了羅馬尼亞高居外籍人士犯罪

奥斯陸最知名的觀光街：卡爾約翰大道。

排行第一名。

二〇〇九到二〇一一這三年內，挪威監獄裡的羅馬尼亞人增加了十倍，這個現象讓挪威警方和各界相當擔心。挪威警方說，早就有跡象顯示挪威境內很多會說羅馬尼亞語的乞丐，其實也參與了一些犯罪活動，雖然警方強調這並不是泛指所有的乞丐都是罪犯，而是許多人確實正在利用乞討爲掩護，進行有組織的犯罪活動。於是，乞丐等於罪犯，罪犯來自羅馬尼亞人，便又成爲挪威某些人腦袋裡的印象。

在挪威遭竊，東西十之八九有去無回，挪威警方曾公布單月犯罪數據，顯示在針對移動犯罪的特別行動小組上路後，報案數量增加了百分之二點六，但破案率卻降低了百分之三點六，歸咎主要原因，居然是因爲「竊案」不斷增加，導致難以破案。至於逮獲的嫌犯，很多是來自立陶宛、阿爾巴尼亞、羅馬尼亞和智利等國的移民所犯下，他們之所以被抓到，只因爲他們一直住在挪威。而這又點出了另一個問題，移民。

挪威人口以每年五萬五千人的數量增長，到二〇一一年人口約有四百九十五萬三千人，但其中只有三成屬於國內生育增加，其餘六成全靠外來移民。自從泰國航空二〇〇九年起由曼谷直航奧斯陸，三年後奧斯陸市區已有將近一萬名泰國外籍新娘，外來人口倍數成長，衝擊了保守挪威人對自我家園的認知，或許眞的會讓某些挪威人激起反外來移民的情緒。

但外來移民和外來穆斯林之間，又有什麼關係？對照挪威官方統計，明明挪威外來移民人數以波蘭占大多數，緊隨其後則是瑞典人、德國人和丹麥人，挪威百分之六十六的外國公民源自歐洲其他國家，兩成來自亞洲，一成來自非洲，二〇〇九年挪威外國公民數增加了三萬一千人，其中百分之七十五屬於歐洲國家的移居者。發生「七二二事件」的挪威首都奧斯陸，是外籍人士比例最高地區，六十萬人口中，有二十二萬五千人屬於外來移民，七成左右是來自歐洲以外的國家，感覺上人數眾多的穆斯林，其實只能算是少數，但卻足以讓奧斯陸市容產生明顯的變化。所以布列維克的反外來移民論，除了是把矛頭指向伊斯蘭教文化，歸根究柢，則是爲自己居住的城市，因穆斯林移民帶來的改變，發動一場洩憤式的攻擊。

挪威有許多外籍配偶，此為波蘭人、挪威人聯姻。

更重要的理由，應該還有穆斯林移民多爲「難民」，他們長期領取挪威政府的救濟金，半數以上還可獲得和挪威人同等的社會福利，穆斯林移民平均領取的挪威社福津貼，雖然比挪威總人口領取的平均值少了一萬一千挪威克朗，但仍有爲數不少的挪威人，認爲自己本該擁有的福利，已被這些人大幅瓜分而去，尤其是用在穆斯林兒童身上的養育補助金。

穆斯林移民長期自成一格的生活方式，始終和挪威社會格格不入，他們習慣和自己人群聚生活的特性，以及堅持維持傳統的宗教服飾，常讓外人一眼分辨出他們的地盤，從而誤以爲挪威絕大多數的外來移民都是穆斯林，就連挪威人也出現這樣的認知，主要仍在於他們太醒目、太容易辨識，而他們確實不光是外型打扮和挪威傳統社會互不相容而已。

爲了減輕挪威人對穆斯林移民是否過多的疑慮，以及深恐穆斯林移民成長到一定的數量，將直接挑戰大家既有的生活，挪威政府也不得不微調他們的移民政策。尤其當有愈來愈多申請庇護的難民，卻無緣無故「消失」在挪威街頭，問題似乎愈加嚴肅，其中光是二〇一〇年，就有兩千八百多位申請庇護的難民成為幽靈人口，他們下落不明後，由誰接濟他們的生活？他們如何在如此高物價的國家度日？都是很大的疑問，從而為挪威製造許多潛在的社會問題。

在不限縮難民申請數額下，挪威政府開始強制增加外來移民學習挪威文的上課時數，藉此灌輸挪威文化，另外就是更為嚴格篩選難民庇護資格，後續也出現了明顯的效果，包括近年申請庇護成功人數大幅下降了四成，門檻提高，自然讓許多人主動打退堂鼓，這也表示挪威的多元、開放並非毫無節制。假設向挪威申請庇護者出現資格不符問題，挪威政府便會將他們遣送回原籍國，只不過為了幫助這些身無分文的人順利回到自己家鄉，挪威政府還得平均支付每個人兩萬挪威克朗，約十萬六千元台幣的旅費，其中以伊拉克難民是最常遭到遣返的一群。這樣寬大為懷的政策，可能反而還更為加深布列維克這類人對「難民式移民」的仇恨，但如此一來，我們也再一次看到了屬於挪威極為寬宏的一面。

「七二二事件」之前，長期以來，有六成挪威人對外來移民抱持正面態度，也有兩成挪威人始終認為接受外來移民，對挪威沒有好處，其中居在城市裡的年輕市民對外來移民接受度較高，農村和老年人則對外來移民抱持懷疑態度。左派政黨有九成五的支持者認爲外來移民對挪威來說具有正面影響，對外來移民態度最爲保留的，則是進步黨。「七二二事件」事件後，對挪威多元文化還抱持樂觀者只剩下兩成左右，雖然僅一成表示悲觀，但卻有五成挪威人已不知該如何表態。

布列維克爲挪威人帶來了前所未有的傷痛，挪威人或許還會因此陷入一陣困惑，例如一向以溫和理性自居的和平社會究竟出了什麼問題，他們的移民經驗尙淺，僅以布列維克一人的行爲就做出定論，可能言之過早，我所看到的是，挪威長期以來對於這些爭議，或者可能引起爭論的議題，並非充耳不聞，否則我也不會信手拈來這麼多可供參考的數據資料，這證明挪威人時時刻刻都在學習認識自己以及自己的國家，許多人爲此而樂觀，因爲布列維克也許一時驚擾了挪威社會，但這個國家的人總有辦法從長期自我觀察中，找到未來要走的路。

暗潮洶湧

「七二二事件」往前回推十年，是挪威面臨有史以來最大規模移民的開端，許多問題都在這個階段湧現，除了穆斯林之外，尚有因為歐盟東擴，造成東歐人紛紛前往挪威討生活的情況發生，問題日益複雜。

「七二二事件」發生，在挪威警方逮到布列維克，或者說確認行兇者是挪威白人之前，居住在挪威的穆斯林移民，一度遭到嚴重錯怪，他們被告知，同時也彼此提醒，這段時間，大家最好盡可能待在家中，減少出門，並且盡可能低調，不要和任何人起衝突，如果有人對你做出任何不禮貌的挑釁行爲，還得努力忍住不向對方反擊，以免擴大事端，導致更嚴重的衝突。

無法避免地，有些穆斯林在那段時間確實受到無端的騷擾，他們受人白眼，被咒罵是「兇手」、「屠夫」，好像已經認定就是他們這群穆斯林幹下的好事，加上國內外媒體第一時間全一面倒聲稱挪威遭到恐怖分子攻擊，而穆斯林早就被西方社會冠上了恐怖分子代言人的頭銜，部分長期反對外來移民的挪威人，於是忍不住未審先判。

奧斯陸街頭轟然一陣巨響，過慣太平盛世的挪威人，第一時間還以爲是飛機掉到了屋頂上，之後發現是有人引爆炸彈，才知道事情沒有那麼簡單，下意識立刻把矛頭指向始作俑者恐怕就是穆斯林，過去的擔憂已一夕成眞，所有對伊斯蘭教的負面報導皆一語成讖，接著就是一連串關於伊斯蘭極端主義的熱烈討論，同時等待著是否有哪個激進組織出面坦承犯行，加上其他國家媒體推波助瀾，穆斯林成了最廉價的代罪羔羊。

當警方公布布列維克的照片，他那瀟灑帥氣的模樣，讓挪威人一時語塞，啞口無言，並非他們無法將布列維克和殺人魔齊做聯想，而是怎麼會是個「挪威人」！在一片不可置信中，挪威右派政客事後解釋，那是因爲全世界的恐怖攻擊都是由穆斯林發動，很難讓人不做出類似的推論，以爲罪魁禍首就是穆斯林，但很快就有人提醒他，可別忘了，挪威境內迄今，包括布列維克這次的屠殺行爲，稱得上恐怖攻擊的行動皆是國內極右派分子所爲，無一件與穆斯林有關。

二〇一一年七月二十二日，是挪威人最傷痛的一天，但也是居住在挪威的穆斯林最難熬的一天，挪威伊斯蘭理事會祕書長瑪塔（Mehtab Afsar）承受了極大壓力，因爲他也搞不清楚究竟是怎麼一回事，只知道一覺醒來，他們已莫名其妙成了眾矢之的，他立刻出面譴責炸彈攻擊，然後對著媒體高聲疾呼：「挪威也是我們的家鄉。」儘管他積極表態、撇清，卻也沒有減緩來自挪威人對他們這群人犀利而充滿怨懟的眼光。

就在布列維克發動這起大屠殺之前，挪威國家安全局局長洋納（Janne Kristiansen）才煞有介事，舉出了二〇一一年挪威可能面對的國家威脅，包括來自伊斯蘭基本教義派和右翼極端分子的恐怖攻擊計畫已如火如荼展開，且一副蠢蠢欲動，挪威國家安全局當時掌握了許多明顯的跡象，證明自己的擔心並非多餘，例如激進主義者非常擅於透過公眾網絡和媒體傳達他們的主張；有愈來愈多移居挪威的年輕穆斯林被送往巴基斯坦、索馬利亞和阿富汗進行特殊軍事訓練；居住在挪威的伊斯蘭極端主義成員，正相當有系統地朝全球化發展，他們還積極透過臉書、部落格（Blog）或者其他社群網站，對受聽者進行洗腦，其中的內容多半缺乏正反兩面意見，更不會出現任何反駁的言論，全是一言堂，都是同一主張，就是穆斯林是受西方社會迫害的一群，必須站出來以非常手段保護自己。

雖然洋納也附帶警告，挪威政治上的極端主義也同時威脅著挪威社會，例如右翼極端主義者的組織和人數增長，恐怕也不得不讓人多加小心注意。但我相信，多數挪威人聽到洋納的報告，應該只感受得到來自伊斯蘭極端主義的壓力，而對國內極右派偏執狂可能帶來的傷害不甚擔心，對「自己人」充滿自信。挪威右派政黨自由黨當時還批評洋納關於極右派的警告，根本是危言聳聽。

更爲諷刺的是，挪威司法部門早就著手針對國內政治和宗教上可能的激進主義，提出了數十項打擊行動方案，宣稱最終目標就是要防止恐怖主義活動在挪威本土出現，結果還是防不了布列維克這隻漏網之魚。

挪威政府認爲恐怖活動也可能會在挪威本土出現，理由之一起於鄰國瑞典才在二〇一〇年底先一步發生炸彈攻擊，挪威人警覺自己很難確保永遠置身事外，只是大家的焦點都是擺在穆斯林身上，當時挪威總理史托騰伯格也不諱言，挪威政府多項反恐計畫，確實是針對激進的伊斯蘭主義分子而來，就連一向對穆斯林採取寬容態度的挪威左派，也不敢保證挪威不會是伊斯蘭恐怖活動的下個目標，只是全都沒料到災難居然是來自國內極右、保守的同胞。

事件水落石出，布列維克除了在奧斯陸街頭擺置炸彈，還衝向四十多公里外的烏托島大開殺戒，挪威人才恍然大悟，瘋子不是穆斯林，而是和他們一樣，金髮碧眼，皮膚白皙，喜歡運動、打獵的土生土長挪威人，洗刷冤屈的穆斯林儘管暫時鬆了一口氣，隨後的心情卻更爲低落，因爲他們知道布列維克的動機，擺明就是衝著住在挪威的穆斯林而來，只是他選擇濫殺無辜這種更爲殘忍的方式，讓向來同情穆斯林的挪威左派震驚，右派尷尬，讓全體挪威人傷痛，也讓他們這群穆斯林間接背負沉甸甸的罪惡感。

一名穆斯林女孩接連從新聞上得知事態發展的消息，她明白了布列維克究竟有多憎恨他們這群外來穆斯林，結果竟然自責地認爲是自己奪走了攻擊事件中的七十七條人命。能讓死者受屈，活者不安，人魔也不過如此。

挪威自七〇年代起開始廣納各國難民，由於中東戰火頻仍，許多難民皆來自那座火藥庫，他們身無分文，卻滿載著屬於伊斯蘭世界的一切走進挪威社會，挪威人則寬大地不僅以人道主義待之，還進一步給予充分的宗教自由，有些教義和挪威的人權觀念多所牴觸，後續果然因此產生了許多文化衝擊，挪威的太平盛世，偶爾爲此攪亂一池春水。

「七二二事件」往前回推十年，是挪威面臨有史以來最大規模移民的開端，許多問題都在這個階段湧現，除了穆斯林之外，尚有因爲歐盟東擴，造成東歐人紛紛前往挪威討生活的情況發生，問題日益複雜，於是有挪威人呼籲是否該回溯十九世紀八〇年代挪威人大舉移民北美洲的歷史，從中吸取當時美國社會面對多元移民的經驗，卻似乎徒勞無功。

移民問題治絲益棼，不光是表現在穆斯林身上的文化差異而已。例如東歐人雖然可以在此取得工作居留，但他們絕大多數可不是什麼「上流社會」的代表，這些人爲了生計寄人籬下賺錢養家，把財富帶回家鄉，自己卻可能成爲挪威社會貧窮的一群；而每年獲准進入挪威，遭自己國家遺棄的難民，更是在挪威街頭隨處可見，這個國家號稱舉國上下沒有窮人，可沒有把這些邊緣人計算在內，於是在種族、宗教問題之外，還隱含了另一種因貧富差距而來的不安。

二〇一〇年初，同樣在人道主義的精神下，挪威地方政府打算在阿克斯湖郡（Akershus）境內的羅倫斯坎（Lørenskog）設立收容外國低收入戶的青年之家，選定了一處環境良好的社區，一切箭在弦上，但卻出人意料，這項計畫受到社區當地居民的反彈，他們搶先一步，集資四百萬挪威克朗（約兩千一百多萬台幣），買下了即將用來收容低收入者的房舍，也就是他們寧可花錢買下一處空屋不用，也不希望那些無依無靠的人搬進來與自己同住，打擾了他們原有的生活，甚至「破壞」當地居住環境，更何況還有可能造成不可預測的治安問題，更嚴重的，將是直接影響當地房價。買下這間房子的社區住戶們，態度十分堅決，篤信「我們的環境並不適合他們」。

在挪威聽來很不可思議，但在其他國家許多城市，尤其美國，這不也曾是稀鬆平常的事，他們對黑人、猶太人，甚至亞洲人，歧視的程度不也有過之而無不及。羅倫斯坎社區住戶買下房舍，阻斷青年之家進駐，登上挪威媒體，引發各界關注，舉國譁然，就在挪威人自我標榜的平等、寬容價值之下，大家頓時發現，原來彼此之間還是有不少人充滿了排外心理。

有挪威人看到這則新聞，忍不住在網路上留言，認爲這件事讓他以身爲挪威人而感到難堪，因爲挪威人之所以能維持今天體面的生活，不就是因爲這些外來移民願意捲起袖子在這個國家扮演清潔工，替大家擦皮鞋而來，他們是挪威企業不可或缺的勞動力，今天卻得到這樣的待遇，他覺得很羞愧。但同樣的，也有不少人聲援社區住戶，支持他們做出正確的決定。曾經有位具備電腦專長的穆斯林移民，以他的本名在挪威找工作，結果到處碰壁，最後不得已只好換了個挪威人常用的名字碰運氣，結果立刻得到四個不錯的工作機會。挪威並不是一個完美的國家，相反的，有時還會因爲她倡議的理想太過崇高，而難以避免出現顯著的期望落差，偶爾連自己都感到沮喪，它終究是個僅有粗淺經驗的移民社會，仍有賴更爲順暢的運轉機制出現。

羅倫斯坎社區住戶的反應雖然引起爭議，甚至回過頭來遭自己人無情批評，但許多人也不敢否認，彼此的腦袋裡其實也裝著同樣的念頭，甚至輪到自己身上，搞不好也會如法炮製，只要能把那群窮酸的外人擋在門外，要他們付出多大的代價也在所不惜。

自二〇〇〇年起，挪威政府廣開移民之門，結果問題叢生，夾雜在其中有不少投機分子，拿著變造過的身分便輕易進入挪威社會，這些人大多來自素行不良的國家，例如索馬利亞、阿富汗和伊拉克，而挪威政府也很清楚，這些國家本身就不太可能提出什麼值得信賴的證明文件，曾經有過同一批人中，竟然有超過九成五的庇護申請者，身上沒有任何護照或任何旅行文件，就這樣孑然一身來到挪威。

在等待確認身分，決定是該遣返還是准予居留的這段時間，有人死亡，有人生子。

死者事小，初生的小孩才是麻煩，他們因爲父母皆非挪威公民，也跟著成爲沒有身分的一群人，他們的原籍國巴不得他們永遠不要回來，留在挪威，卻又無法過著正常的生活，要不逃跑成爲幽靈人口，要不就在收容中心靜候發落，挪威人每年都要爲這些人傷透腦筋。

爲了這群資格不符的政治難民，挪威政府一年至少要編列三億兩千萬挪威克朗的預算安置他們，終究讓挪威政府公開承認，問題果然是超乎預期，甚至已經失控。挪威的難民庇護法屢修屢改，可以說是一路跌跌撞撞走到今天，「七二二事件」之前，只有三成挪威人認爲他們國家所接受的移民者「素質」尚可，半數以上挪威人認爲在接受「非西方人士」移民時，應該有適當的限制，很多他們和當地人之間的嫌隙、仇視，也就在這樣的情況下滋長、壯大，只是在平等、寬容、多元等理智面的要求下，暫時隱忍不發。

問題可還沒完，除了在穆斯林、難民身上發生的社會歧視，挪威校園裡始終有股揮之不散的反猶太氣氛。發動者主要來自校園裡穆斯林學生對猶太學生的反彈，他們家鄉的同胞在加薩走廊拿機關槍相向，他們自己也在挪威的校園裡互相口誅筆伐，挪威人也分成兩派人馬加入戰局，驚動了挪威教育部，不得不多次邀集國內各宗教領袖，一起找出降溫的方法。

挪威白人在社區裡反對外來難民；學校裡的穆斯林反對猶太人；有一票人因爲討厭以色列而支持穆斯林；有一票人因爲厭惡自殺炸彈客而排斥穆斯林；有人把問題歸咎給天眞到近乎愚蠢的左派工黨；有人要言論激進的右派進步黨負起全責。許多的歧視，在交相指責中漸漸成形，接著鑽進挪威社會，我想那很難用數百萬朵玫瑰花將其掩蓋，就如同挪威人自己也不敢保證他們的寬容能有多大的能耐，他們捫心自問，如果今天的兇手不是布列維克，而是穆斯林，挪威人還會選擇愛與寬容？還會固守文明社會的理智？這類討論很多，但多半沒有結果，而他們很慶幸，至少不必在「七二二事件」中如此考驗自己。

被驅逐的女作家

挪威人經常讓自己陷入兩難，他們有時為了追求一套非常高的道德標準，把自己塑造成近乎聖人，但偶爾會有智慧和經驗跟不上腳步的問題，於是只好在挫敗、忍讓，甚至委屈、打落門牙和血吞中學習。

挪威人理性、務實，有時卻讓人覺得很固執，他天眞、灑脫，但偶爾也很死腦筋。

可愛的一面讓人覺得他們像是天使，例如言談直率、風趣，偶爾拿自己的外貌、身材開玩笑也無所謂，反正自娛娛人；舉手投足充滿自信，走起路來虎虎生風，但又能收斂讓人覺得刺眼的光芒；脾氣溫和，不喜歡亂按喇叭或者開著車在大馬路上蛇行亂竄；安分、守法，尤其汽車駕駛禮讓行人的美德，光是一旁欣賞就讓人很感動。

但毫無變通的個性，也讓人不敢領教。房屋租約，從詳談內容，到簽約，到銀行開戶，直到終於可以拿著鑰匙搬進家門，流程居然可以拖上兩個星期，假設過程中剛好遇上仲介人員出國度假，你便要有心理準備，事情不會這麼快就能了結。他們講求標準程序，且眾人平等，公、私機關標準一致，好處是無人膽敢濫耍特權，麻煩在於經常可見極其龜速的效率，常讓人氣得七竅生煙。

此外，他們奉公守法爲人稱道，多數人並不擅長花腦筋鑽法律漏洞，或者遊走在犯罪邊緣，創造模糊的彈性空間，遊戲規則向來簡單，不必擔心凡事都得陷入複雜的人性思考。只是他們也無法以此保證自己生活的世界全都完美無缺。

艾蜜莉（Maria Amelie）是位二十五歲的挪威女孩，嚴格來說，她在法律上其實並不算是挪威女孩，但她十七歲就來到挪威，早和這個社會融爲一體，她自己覺得自己是個徹底的挪威人，但依照挪威法律，她是不折不扣的「非法移民」，下場就是得遭驅逐出境。

二〇〇〇年，艾蜜莉隨著父母從俄羅斯前往芬蘭申請難民庇護，但吃了閉門羹，隨後於二〇〇二年輾轉跋涉到挪威尋找棲身的機會，連續幾年申請案也都遭到挪威政府駁回，但她們一家藏躲有術，以非法居留方式，在挪威一待七年。

非法居留這幾年下來，艾蜜莉沒有任何有效的身分證件，也沒有銀行帳號，更沒有醫療保險，卻一路以優異的成績完成高中學業，並且申請到位在挪威北方的特羅赫姆大學（Trondheim University）碩士學位。她在校經歷相當活躍，還曾是搖滾樂團的領隊。

但讓她聲名大噪的原因，並不是她非法居留長達七年，還取得社會學碩士學位，而是她以文學上的天分，在二十五歲那年，向挪威大眾告白了自己的非法移民生活，她把自己如何在沒有身分，沒有一般人所享有的資源下，一路熬出頭，寫成《非法挪威人》這本書，在挪威社會引起轟動，大家爭相閱讀，對艾蜜莉堅忍的毅力嘖嘖稱奇，大家都對她克服逆境的感人故事相當推崇。

她成功的故事幾經傳播，很快的舉國無人不知，加上她甜美秀麗的外型，完全跳脫非法移民的典型，聰明伶俐，蕙質蘭心，一點也沒有「難民」的影子，甚至還比挪威人自己更多了分謙沖、自信和從容，大家雖然知道她是非法移民，而且是個申請難民庇護的俄羅斯人，但卻仍以挪威出了這樣一位女作家爲榮。挪威《新時代》雜誌每年都會評選一位「年度挪威人物」，二〇一〇年艾蜜莉因《非法挪威人》一書而獲此殊榮。

但問題來了，艾蜜莉是個非法移民，已違反挪威法律在先，還在書中交代這七年的「精彩」的生活，林林總總，告訴讀者她如何躲過移民局查緝，如何順利完成學業，如何申請大學，足以激勵他人起而效尤，此舉讓挪威的移民局顏面無光而且信譽掃地，她的書卻在挪威社會大受歡迎，等於是直接挑戰挪威的法令，甚至是在嘲笑挪威對於外來移民的層層關卡，原來可以如此輕易跨越。

只是艾蜜莉沒想到自己的一段坦言告白，雖然爲個人贏得了非法移民絕不可能獲得的榮耀，但也爲她招致一連串的麻煩。挪威警方開始找上門，移民局也動員蒐集艾蜜莉過往的資料，很快地就做出必須將艾蜜莉遣送出境的決定。

豐功偉業已人盡皆知的艾蜜莉，不斷受邀演講，包括位在挪威南方利勒哈默爾市（Lillehammer）的南森學院（Nansen Academy）。南森（Nansen）是挪威的民族英雄，曾經率領工作人員，以滑雪方式橫渡格陵蘭冰帽，是名偉大的科學家，而後轉爲投入宣揚和平運動，曾在一次世界大戰中，成功解救三十萬名戰俘，成爲一九二二年的諾貝爾和平獎得主，南森學院即是爲了紀念南森而來，以感念他對世界和平的貢獻。

二〇一〇年，是南森冥誕一百五十周年，挪威政府特別將這一年訂名爲「南森年」，因《非法挪威人》一書成名的艾蜜莉，也在這年受南森大學邀請到校演講，如此的安排，便是非常「挪威式」的作風，他們無畏艾蜜莉非法移民的身分，而是相當欽佩艾蜜莉逆境求生的意志，更何況這是在挪威發生的故事，應該也可歸於挪威人的驕傲。艾蜜莉便又再一次大方地把她七年來的生活公諸於世，儘管她的心路歷程充滿爭議，但仍獲得滿堂喝采。

但當艾蜜莉演講結束，步出會場，等在外頭的卻是挪威警察，他們以涉嫌非法居留爲由，將艾蜜莉當場逮捕，同時也有幾位教職員和學生被警方帶走訊問。艾蜜莉遭逮捕後，立刻引起各方議論，許多她的支持者不可置信會出現這樣的結局，挪威媒體也出動大批人馬，試圖和艾蜜莉取得聯繫，挪威警方則是斬釘截鐵宣告，移民局已作出裁決，拒絕了有關艾蜜莉申請庇護的請求，因此，她必須離開挪威。

艾蜜莉出書詳述自己非法移民的經歷，已夠轟動，再獲《新時代》頒贈「年度挪威人物」，簡直是苦盡甘來，隨後四方邀請演講，更一躍成爲全國知名人物，但她每往人生的階梯跨上一層，都讓挪威移民單位膽戰心驚，長年來建構的移民安全閥，很可能會因爲一名小女子毀於一旦。就在她遭到警方逮捕，並且限期離開挪威的消息傳到挪威人耳中，這下便讓挪威人感到相當掙扎。

當時的民意反應，有四成挪威人十分同情艾蜜莉的處境，認爲她應該繼續留在挪威，但這時挪威人奉公守法，不愛權宜、變通的個性也同時浮現，因爲有近五成的挪威人認爲艾蜜莉確實違反了挪威移民法令，終究還是該被遣送回俄羅斯。

事實上，在警方還沒介入之前，原本有六成挪威人認爲不妨就讓艾蜜莉繼續留在挪威，但一旦移民局和警方端出法令，挪威人也就理解到事情並無法盡如人願。儘管南森學院的院長哈雷德（Dag Hareide）事後忿忿不平地說：「我爲自己是個挪威人而感到羞恥，『南森年』就這樣被糟蹋了。」《新時代》雜誌的主編哈比尤恩斯呂德（Dag Herbjørnsrud）也對警察的逮捕行爲表達抗議，認爲那是對「南森年」的一大諷刺。

反種族主義中心的施特恩（Rune Berglund Steen）一樣不滿警察強行

艾蜜莉被遣送回國前，接受挪威媒體專訪。
圖片提供／達志影像（歐新社）

逮捕艾蜜莉的行動，因為那實在令人太過震驚；挪威社會左翼黨的移民政策發言人胡勒茅斯（Heikki Holmås）則強烈批評根本是挪威政府的移民政策大有問題，胡勒茅斯氣憤難耐，認為錯不在艾蜜莉，而在挪威自己，「尤其當前一天，我們還在抱怨移民中缺少擁有專業技能的人，怎麼第二天一覺醒來，我們居然是把我們需要的，也就是擁有良好技能的移民予以逮捕，並且還遣送出境。而她（艾蜜莉），本來有機會可以成為我們大家的財富。」

只是這樣一來，既沒有改變挪威政府的態度，也沒有為艾蜜莉多爭取抗辯的時間，二〇一一年一月十三日，她如期被遣送回俄羅斯。臨行之前，她接受挪威國家電視台專訪，再次細數在挪威生活的點點滴滴，並且聲稱挪威才是她眞正的家，她在十七歲以前所使用的名字是莎拉穆法（Madina Salamova），那是她的俄羅斯本名，現在這個名字和艾蜜莉一樣眾所皆知。

許多同情艾蜜莉的挪威人，甚至稱她是「被迫害的作家」。大家開始幫她尋找方法解套，包括離開挪威後，再以申請工作簽證的方式回到挪威，但這必須獲得挪威政府的同意，而非法移民一旦被抓到且遣送出境，便很難這麼快又獲准回到挪威，因此，儘管有媒體報導艾蜜莉的父母正藏匿在挪威朋友家中，等待艾蜜莉回來團聚，但艾蜜莉能否順利回到挪威，依舊是前途未卜。就在艾蜜莉被遣送出境的同時，有上千名挪威人手持蠟燭齊聚一堂，祝福並祈禱艾蜜莉能早日重返挪威。

艾蜜莉回到俄羅斯後，先在莫斯科住了一陣子，隨後又轉赴亦曾將她驅逐的波蘭，落腳在波蘭南方的克拉科夫（Krakow），接著便重新執筆寫作，內容一樣是關於她遭驅逐的過程，只是場景已經移到了波蘭。挪威不少雜誌社已公開表示對艾蜜莉虛位以待，非常期待和艾蜜莉一起共事。挪威政府曾經承諾會以艾蜜莉的案例進行檢討，盡速改革移民法，或許可為艾蜜莉解套，但後續的發展顯得相當遲緩，艾蜜莉重返挪威一事，一年多過去，仍是遙遙無期。

這一回，對外來移民抱持負面觀感居多的挪威右派，並沒有落井下石，也沒有藉由艾蜜莉的例子，大肆撻伐挪威移民單位控管不力，而是藉機反諷挪威政府，怎麼平常對移民這麼寬容，逮捕艾蜜莉的行動卻又如此迅速，與其如此，還不如把時間和精力多用在其他更爲嚴重的移民問題上。

不容否認，艾蜜莉溫柔、嫻淑的外貌，優雅的談吐和生動的文筆，確實爲她贏得了不少挪威民眾的支持，而右派人士也清楚得很，艾蜜莉的類型，並不是他們反對或者嫌惡的對象，很難有人會對一個歷經沒身分、沒社會保險，卻又自力救濟獲得高學歷的人送出噓聲，某種程度艾蜜莉還頗爲吻合挪威右派的味道，一種勇於挑戰死氣沉沉社會的勇氣。

但他們也沒有肯定艾蜜莉非法居留的行爲，甚至認爲不該稱呼她是「被迫害的作家」，畢竟法律就是法律，而且若爲艾蜜莉一人開了先例，恐怕後患無窮，他們最多是祝福艾蜜莉，把這樣的經驗當作一種人生磨練，何況以她的才華，未來仍是大有可爲。

至於對挪威左派而言，這應該是個痛苦的決定，他們因爲寬鬆的移民政策，長期遭到在野黨批評，今天艾蜜莉正好印證了其中並非沒有漏洞，而且還可讓人非法居留達七年之久，假設在這個案例上因人設事，爲艾蜜莉開後門，日後恐怕所有外來移民造成的負面效應，責任都得由左派全盤承受。

在許多挪威人同情艾蜜莉之際，執政的工黨選擇明確執法，沒有因為數千人的燭光遊行改變立場，其實也就在同一時間，一群來自伊拉克的兒童，已先一步遭遣返回國，理由則是經過評估，這群伊拉克小朋友，眼前並沒有需要挪威政府保護的迫切性，同樣的，這也是當年艾蜜莉的難民庇護申請案，遭到挪威移民局駁回的理由。就這點來看，挪威政府確實相當一視同仁，對於「執法」兩字，並沒有受到個人背景或者能力、表現，甚至國籍、外貌左右。

挪威人經常讓自己陷入兩難，他們有時為了追求一套非常高的道德標準，把自己塑造成近乎聖人，但偶爾會有智慧和經驗跟不上腳步的問題，於是只好在挫敗、忍讓，甚至委屈、打落門牙和血吞中學習，但至少值得肯定的是，無論右派論者還是左派論者，立場很少出現搖擺，儘管有時果斷的決定如兩面刃，他們也都有辦法捱得過那段陣痛。

例如面對艾蜜莉，若留她下來，將直接破壞挪威人講求法治的傳統，而穩定的社會秩序，可不是靠姑息、溫情主義可以產生；驅逐她，則也不是挪威人所擅長的冷漠無情，否則如何會有上千人爲艾蜜莉走上街頭的畫面出現。艾蜜莉的故事，確實是對一個講求寬容，卻又厲行法治的國家，一道略帶殘酷的選擇題。

我們不想被改變

挪威自從一九七九年廢除死刑後，這個國家的極刑只剩二十一年有期徒刑，我原以為挪威人會認為二十一年徒刑太便宜了布列維克，但到頭來，卻也沒有人提出要求，希望恢復死刑，並且立刻用在布列維克頭上。

挪威總理史托騰伯格站在奧斯陸大教堂外，當著十五萬群眾面前流下了兩行淚，他的雙眼直視遠方，然後抿著嘴告訴大家：「我們不會被改變。」隔天他的民意支持度上升到九成，表現前無古人，史托騰伯格的溫情演說，讓挪威民眾暫時忘了冷血麻木的布列維克。

這位總理也許十分擅長表演，在野黨常揶揄他是「奶油小生」，把挪威治理得死氣沉沉，不過卻很合挪威人的脾胃，多數人就是欣賞他不慍不火的模樣，相信他的哽咽，是出於眞情流露。

今天的維京人已搖身一變成爲安於現狀的民族，再也不是習於逞凶鬥狠的海盜，把從出生到死亡可能遇到的個人問題，全都丟給社會主義政府也不是什麼壞事，何必自找麻煩，美國總統歐巴馬競選時的口號「CHANGE」，在這裡可能很難引起共鳴，養尊處優的挪威人即使一時情緒受創，需要的也並非是改變，而是最好什麼事情都像沒發生過，明天一早騎著腳踏車從總理家門前經過，依然可以輕鬆地如入無人之境。

面對「七二二事件」兇手布列維克造成的社會震撼，史托騰伯格宣告挪威人接下來只有一條路可以走，那就是「讓挪威社會更民主、更開放，證明自己不會因爲類似的暴力行爲而停下腳步，儘管我們不會再天眞地以爲挪威永遠安全無虞。」話說得漂亮，挪威人聽了相當舒服，因爲這意味著接下來的生活還是會和過往一樣，如果史托騰伯格當時宣布即日起，警方將派出大批警力全城站崗，或是要求大家共體時艱，度過可能隨時要遭警方盤查的不便，我想挪威人一定爲此造反。

挪威警方在這次應變行動中顏面盡失，員警各個滿身肌肉，結果事到臨頭卻全是花拳繡腿，按照標準作業程序，在接獲民眾報案後，警方必須在八分鐘之內趕抵現場，但烏托島當天自傳出噩耗，直到第一位員警現身，時間至少超過了一小時，平白多損失了好幾條人命。但好脾氣的挪威人，卻選擇對警方網開一面，因爲第一時間有誰會料想得到，這人間仙境竟然眞的會有這麼一天，需要警察火速趕抵現場控制局面，許多人事後看著新聞報導，仍有一種彷彿是在「看電影」的錯覺，完全沒意會到事發地點其實就在自己住家對面的那條街，這是專屬挪威人的高度自信，雖然很可能因爲布列維克的行爲受到打擊，他們打從心底不相信

2009年美國總統歐巴馬來訪，挪威警方大陣仗恭迎。

自己國家的警察，有朝一日也得如此緊張兮兮。

「七二二事件」之前，奧斯陸街頭最近一次出現荷槍實彈的畫面，是在二〇〇九年美國總統歐巴馬來訪的那個上午，那天細雨霏霏，穿著黃色雨衣的挪威警察在王宮、奧斯陸市政廳以及歐巴馬下榻的飯店周圍布下天羅地網，全都手持自動步槍，而爭睹歐巴馬廬山眞面目的挪威群眾，必須順著警方畫出的路線而行，他們被阻擋在圍籬之外，親眼瞧見這位風靡全世界的美國總統時，其尊容至少和大家距離數十公尺外。那是奧斯陸最讓人感到陌生的一刻，也唯有美國現任總統的安全，足以讓這座城市首開先例。

挪威媒體採訪奧斯陸市民，問及警方在「七二二事件」救援行動前後，是否有該檢討之處，警方居然獲得功大於過的評價，很重要的理由是，奧斯陸市民非常肯定挪威警方並沒有爲了一個偏執狂，後續把他們居住城市的氣氛搞得危在旦夕，蛇籠、拒馬很容易讓挪威人血壓飆高，這是一個「見警率」極低的社會，他們並不覺得到處看得到警察會讓自己感到安全，很多時候那反而是一種無形的壓力，雖然偶爾可見私家保全在街上巡邏，但要撞見穿著水藍色制服的警察，在我的印象中，那並不是件容易的事。

那次歐巴馬來訪，佳評如潮，唯一的敗筆就是挪威警方遭批評反應過度，全程戒備的程度，彷彿是如臨大敵，而非恭迎嘉賓，雖然那也許是美國政府的要求，但也剛好對照出這兩個國家的差異，挪威總理史托騰伯格訪問美國，可是連隨身祕書都省了。如今最好的結局，就是警方僅僅封鎖了遭炸彈攻擊的挪威政府辦公大樓周邊，而且只派出三三兩兩的警察站哨，接著事發不到三星期，連警察也都撤離了，奧斯陸全無改變的不光是市容而已，挪威人習以為常的生活步調，也立刻重上軌道。

原本我以為，在體會到自己的國家並不如想像中安全後，布列維克所造成的社會憂慮和恐懼，會讓這個國家頓時繃緊神經，但從機場內的安檢規格，到火車上的盤查頻率，卻無一和「七二二事件」案發前有什麼兩樣，雖然報紙、電視新聞仍不斷討論著這件事，但它終究控制在警方的指揮調度該如何改進，槍枝的管制是否得更加嚴格，信用卡的發放是否過於浮濫（因為布列維克利用多張信用卡購買犯案器具），而沒有擴及延伸到政黨之間的對立，或者不同政治立場者之間的交相指責，在既有的傷口上，平白創造另一道傷痕。

布列維克的犯行令人髮指，甚至已到人神共憤的地步，挪威一則網路調查，卻有超過五萬挪威人認爲儘管如此，仍必須讓布列維克獲得公平的審判，只有七個人發言反對布列維克有資格聘用辯護律師。此外就是「死刑」議題，挪威自從一九七九年廢除死刑後，這個國家的極刑只剩二十一年有期徒刑，我原以爲挪威人會認爲二十一年徒刑太便宜了布列維克，但到頭來，卻也沒有人提出要求，希望恢復死刑，並且立刻用在布列維克頭上。

畢竟這是挪威曾歷經三十年討論才得來的共識，如果一個人一夕之間，就足以推翻挪威人數十年的辯證結果，那這個國家另外所持的民主、自由、人權、開放、多元等價值，恐怕也就沒有那麼大的意義了。

這是一個不願輕易被改變的國家，尤其對自己相信的事物，他們有非常頑固的堅持，即使面對政治上的意見也是一樣，可以很清楚的分類出各自代表的立場，雖然也有右派偏中和左派偏中的空間，但贊成開放移民的一方，不可能爲了要拉攏反對移民者的選票，而在許多事件中自打嘴巴，主張限縮移民的一方，也不會爲了獲得對方支持者的青睞，釋出模糊曖昧的政治語言，雖然你相信他們之間，誰若機靈一點，發現苗頭不對立刻見風轉舵，便可輕易擊倒政敵，但對挪威政黨來說，選票固然重要，假設政黨本身喪失了明確的主張，那麼可能連他們自己都很難再瞧得起自己。

「七二二事件」後，左派繼續打著開放、多元的口號，右派則照例反對寬鬆的移民政策，究竟是誰造成布列維克的瘋狂之舉，我想在挪威，無論是左派還是右派，都不敢說自己全無責任，這是國家共同的悲劇，誰又會狠心地利用它來譁眾取寵，甚至企圖從中攫取任何政治利益。這樣的氛圍，或許有助於將政黨之間的競爭導向較爲理性的辯論，七個主要政黨長年來彼此各有堅持，也都很在乎自己民意支持度的消長，儘管偶爾會出現水火不容的場面，卻沒有人會以不光明的政治手腕，一心只想消滅對方，再小的政黨，亦是旗幟鮮明，不會爲了求取生存，而投機性地向大黨投懷送抱。

倒臥在鮮花中的維京海盜木偶——留著維京海盜血液的挪威人，應該不會這麼輕易被擊倒。

二〇〇五年，挪威媒體引用丹麥漫畫家的一幅畫，影射伊斯蘭教先知穆罕默德是恐怖分子，引燃伊斯蘭世界熊熊怒火，挪威的穆斯林移民也紛紛走上街頭抗議，情況一度火爆；二〇一〇年，挪威媒體和挪威穆斯林移民之間的對立又一次捲土重來，兩次激烈衝突，都讓挪威社會見識到了國家內在的矛盾，右派以其倡議的言論自由支持挪威媒體，左派則以多元、開放的包容態度，寬待發動抗議的穆斯林，事過境遷，兩派人馬今天依舊堅持己見。

這段時間以來，挪威經濟持續成長，有效控制失業率，瑞典、芬蘭、丹麥人紛紛前往挪威尋找薪資較高的工作機會，挪威也持續保有最適合人居住國家的頭銜，於是我們知道，挪威人不願意被改變的，應該不僅是死板板的政治立場，而是擴及許多層面，在既有的信仰價值上一以貫之，否則一個看似分裂兩極的國家，應該不會有今天這樣優異的表現，布列維克帶來的後遺症，也必然是舉國炒翻天。

宗教、種族、移民問題千頭萬緒，但讓挪威人同感憂慮的是，往後的日子裡，挪威社會人與人之間的信任感，難道會因爲「七二二事件」一併受到傷害。布列維克當時身穿警察制服，欺騙了烏托島上的青少年，讓他們在毫無戒心下成了槍下亡魂，挪威人輕易相信人的個性，反讓他們在這起事件中，多賠上了數十條生命，不少人原本躲在石塊後方，看來可以逃過一劫，卻對布列維克的警察制服信以爲眞，一個個從石頭後方繞了出來，以爲終於得救，結果平白成了槍靶子，布列維克打算摧毀的，或許不光是他深惡痛絕的多元文化，還有人性之間難能可貴的信任。而挪威人最不願意見到的，就是明天過後，自己生活的城市會因此衍生出不必要的懷疑和猜忌。

但我相信，他們依然會保有那份天眞，輕易地相信任何人所說的一切，同時也以誠實作爲報償，這是一種相對來說負擔較小的生活方式，也是標準的挪威式生活，他們喜歡無拘無束騎著腳踏車穿越挪威王宮前廣場，或者穿著運動服，戴著耳機，步履輕盈地從總理官邸門前慢跑而過，他們一直非常享受無需時時刻刻等著「叫警察」的生活，就算「七二二事件」的陰霾短時間內還揮之不去，我想這個國家依然讓人對她充滿信心。

奧斯陸的韋格蘭雕刻公園。

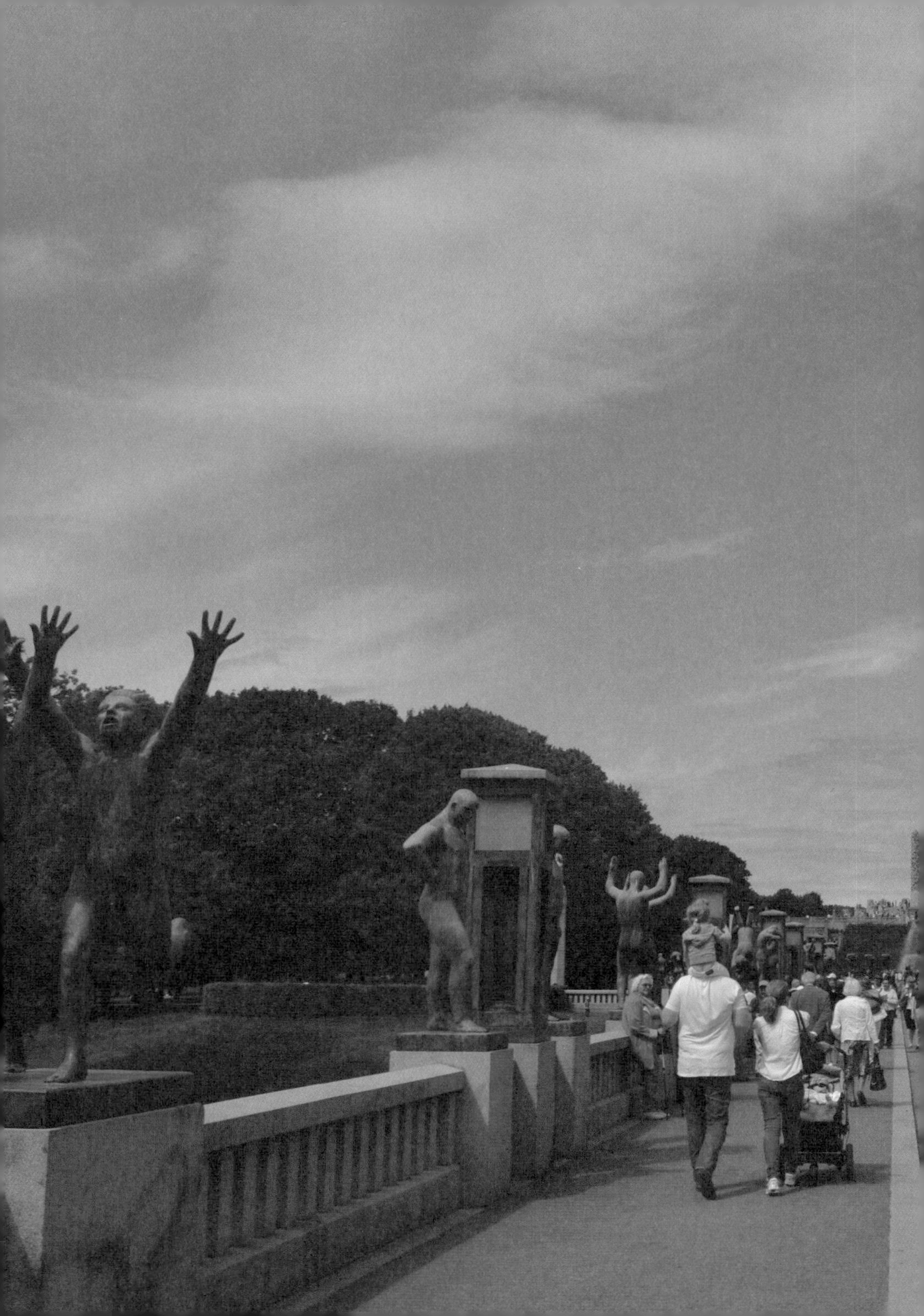

布列維克讓挪威社會大爲震撼，悲悽不已的挪威人站在奧斯陸大教堂前雙手合十，祈禱這個國家能早日告別哀傷，有人則低聲呢喃著「Goodbye my little country」，不幸中的大幸，今天眼見的一切都和昨天一樣，一座城市藉由如常的平靜，擊垮了布列維克帶來的恐懼。

二〇一一年八月六日，那是奧斯陸悲劇發生後的第二個星期，標準的奧斯陸週末夜，到處都是家庭式的派對。我家樓下的挪威人是個「party animal」，他又一次吆喝朋友到家中作客，院子裡停了兩輛載滿啤酒的房車，夜半時分，窗外仍隱隱約約飄來節奏輕快的搖滾樂，這是他們每個週末例行作風，一群人聚在一起飲酒作樂，統統喝得醉醺醺，一整夜下來，除了聊天、聊天還是聊天，聊到清晨四、五點才客去主人安，偶爾還會錯按我家電鈴擾人清夢，但若依照挪威人的反應，在這種情況下受到打擾，通常也是一笑置之，甚至還會回以「抱歉，這裡不是酒店」的玩笑。

那天晚上，我特意步行至奧斯陸市中心的卡爾約翰大道（Karl Johans gate），那裡距離遭炸彈攻擊的挪威政府大樓，約莫五百公尺，此刻已是人聲鼎沸，國家戲院車站前的圓弧型噴水池廣場，好幾對情侶同時在此摟摟抱抱、卿卿我我，過了奧斯陸大學法學院往南邊走，招牌醒目的「Hard Rock」餐廳早已客滿，外頭大排長龍，一群人在嬉笑聲中等待入場，繼續直行，左邊的「Fridays」餐廳，裡裡外外同樣座無虛席，每張桌子上皆擺滿啤酒，左轉進入巷子，奧斯陸知名酒吧「ETT Glass」也是高朋滿座。

回程我改搭電車，整節車廂酒氣沖天，醉漢們要不高聲咆哮，就是呆坐在一旁傻笑，有男有女，大家皆不以爲意，這不正是奧斯陸最典型的調調，大家平日正經八百，衣冠楚楚，直到星期六的午夜又大肆放浪形骸，但不必擔心，明早一覺醒來，這個城市又將立刻恢復它該有的寧靜。

一個多星期前的同一條街上，才有十多萬奧斯陸人手捧鮮花、蠟燭，爲「七二二事件」的死難者祝禱，但他們顯然非常不習慣沉溺在悲情之中，鄰居迫不及待邀請朋友開Party，理由居然是「我們正是要以歡樂打敗它（布列維克造成的恐懼）」。「七二二事件」滿一個月，挪威政府大樓外仍降著半旗，所有人共同經歷了最驚悚的一幕，心中有傷，臉頰上有淚，不過他們以迅速恢復正常生活，爲布列維克帶來的傷害進行最有效的療傷止痛。

十餘萬人走上街頭時，沒有哀嚎、吶喊，沒有人要將兇手碎屍萬段，唯一認爲兇手該自殺的，是他自己羞愧不已的父親，群聚的挪威人，只見肅穆莊嚴，相互慰藉，人群中有人支持右派、也有人支持左派，但卻沒有人在此時和對方劃清界線，後續的檢討聲浪排山倒海而來，卻不見政治人物之間高分貝的嘶吼謾罵，這個國家的心靈重建也許還得花上一段時間，但過往累積而成的心理素質，讓他們習於以持穩的方式面對，不好發議論，不亂畫箭靶，在批評警方能力欠佳的同時，挪威人並沒有對著和自己立場迥異的人張牙舞爪，他們有自己必須記取的經驗和教訓，同時也以一個小國人民的胸懷和反應，讓旁人深省。

兩個奧斯陸

西半部屬於挪威當地人清爽、整潔卻百物奇貴的奧斯陸；東半部屬於中東、非洲、亞洲外來移民，雜亂、擁擠卻滿是便宜貨的另一種奧斯陸。

一九〇五年之前，挪威時而是丹麥的附庸，時而又成為瑞典的臣屬，民族尊嚴被踐踏在腳底；一九六九年之前，這個國家窮到人民還得拿著糧票向政府兌換糧食，比起斯堪地那維亞半島其他鄰國，處境相當難堪。

幸好上帝適時向她伸出援手，石油讓她徹底擺脫貧窮，甚至還可以成爲全世界數一數二的援外大國，自信心水漲船高，每年鉅額的援外預算已不足以表現國力，於是挪威人直接開門擁抱各國難民，「人道之國、人權之都」成了她立國精神，首善之區奧斯陸還為此被冠上人間天堂的美稱。

但「七二二事件」中，血腥殺手布列維克的瘋狂之舉，卻讓奧斯陸瞬間跌入煉獄。奧斯陸從此除了物價最高受人關注，所有人都不會忘記她也曾經讓人為她掩面哭泣。

這座城市外簡內繁，單調、乏味、一成不變的城市景觀，群聚著種族、宗教、信仰皆異的各國人。我從城西的弗羅古納爾往城東而行，經中央車站而後抵達格陵蘭區，白人漸少，有色人種漸多，一旦跨過中央車站，彷佛進入國中之國。

西半部屬於挪威當地人，清爽、整潔卻百物奇貴的奧斯陸；東半部屬於中東、非洲、亞洲外來移民，雜亂、擁擠卻滿是便宜貨的另一種奧斯陸。我在格陵蘭區請位巴基斯坦來的大叔剪頭髮，需一百五十挪威克朗（約七百九十五元台幣），換在弗羅古納爾由挪威老伯操刀，要價至少兩倍以上。

拜七〇年代挪威左派政黨工黨取得執政之賜，舉國寬容主義日盛，定期定額接受難民庇護申請（以伊斯蘭教國家爲主要對象），才成就奧斯陸今天的多元樣貌。

但工黨支持度迄今偶逾三成，得和其餘小黨組成聯合內閣才得以成事，右派保守黨、進步黨長期和工黨分庭抗禮，尚有先左傾而後轉右翼的基督教民主黨始終自成一格，舉足輕重七大主要政黨，大不大到獨霸一方，小不小到可視於無形，太平天國本身就是個複雜體，伊斯蘭教背景成員加入，則是對挪威寬容信仰的深層考驗。

工黨引以爲傲，宛如北歐平等主義聖經的洋特法則，反倒是進步黨口

奧斯陸中央車站以東，市容逐漸紊亂。

奧斯陸西區高級住宅區。

中虛僞、矯情、違逆人性的代名詞，曾爲進步黨黨員的布列維克，顯然也不吃這一套，年初工黨迫於右派壓力，轉而提高難民庇護門檻，他想必也是背後推波助瀾的一人。

好友瑪格麗特（Magritt）教我一種方法，以辨識商店裡的挪威街景照是否爲挪威人掌鏡，她說如果照片裡的人物全爲白人，那一定非挪威攝影師所爲，言下之意，挪威人平等、包容精神已深植在心，即使拍照也非常懂得人種平衡的道理，絕不讓人以爲挪威只有白人，偏偏挪威媒體做過一項調查，發現他們書店架上的時尚期刊，清一色只擺白人封面雜誌，因爲商家深信，有色人種的封面通常賣不出好成績，媒體於是聲稱敝國關於種族平等的追求還有待努力。

三年前初來乍到，挪威友人領著我在奧斯陸市區遊車河，路經滿是巴基斯坦移民（身分多爲難民）的格陵蘭區，我記得他僅撇過頭冷冷丟下一句話：「你會覺得這地方是奧斯陸嗎？」二〇〇九年挪威司法部倉促提案，允許考上警察的穆斯林婦女，可以在穿著警察制服執勤時，兼戴伊斯蘭面紗（Hijab），師出宗教自由之名，卻氣炸挪威女權團體，司法部再火速撤案好平息眾怒，那位滿頭包的司法部長，正是爲了布列維克血腥慘案出面說明的史托貝爾（Storberget），當年爲了面紗事件，他曾壓力大到稱病三個星期；在挪威社會，有人無時無刻高舉寬待穆斯林的旗幟，但當瑞士打算立法禁止國內興建清眞寺尖塔時，立刻也有五成挪威人豎起拇指表示希望跟進。

我無法斷定這些究竟是不是種族或者宗教歧視作祟，但不容否認挪威的平等、寬容，直到今天仍存在隱約的勉強。我曾靜坐在奧斯陸公車內一角，暗暗觀察車內氣氛，挪威白人和穆斯林移民之間眼神從未有過交集，遑論攀談，他們對彼此的出現司空見慣，對彼此的視而不見好像也習以爲常。

右傾的挪威管理學院（ＢＩ）教授托耶（Toje）大惑不解，問我哪個國家可以每年接受大批移民，卻任由他們不事生產；鄰國瑞典的右派政黨，在國會大選中推出的競選廣告，是一群身穿全罩式面紗的穆斯林婦女，他們腳步急促，推著嬰兒車和步履蹣跚的瑞典老人爭搶前方的鈔票，企圖激起瑞典人的危機意識，將左派徹底掃地出門，挪威人厚道有

多元文化節上的巴基斯坦烤肉攤。

餘，未有類似手法，但上網點閱瀏覽者大有人在，私下還很感謝瑞典人幫他們吐露了心聲。

在挪威展開雙臂下，許多穆斯林家庭在此落地生根，但仍秉持著伊斯蘭傳統教義過活，女兒終身大事由家族負責發落，和強調自由戀愛，甚至不在乎未婚生子的挪威人多有牴觸；伊斯蘭教育相信棒下出高徒，挪威人對學生成績好壞卻不太在乎。雖然穆斯林移民和挪威傳統社會勃谿屢屢，當歐洲各國相繼在言論自由的精神下廢除「褻瀆（神明）法」時，挪威仍堅持把它當作多元文化的安全瓣，以約束自己國人對不同宗教的批判，不過，當挪威媒體引用丹麥漫畫家一幀諷刺穆罕默德是炸彈客的漫畫時，言論自由之說又取得上風。

挪威是個理性的社會，挪威人卻是個不太善於表露情感的民族，寬容、平等、自由之風大行其道，社會祥和之氣冉冉而升，超市收銀台故障導致後方人潮大排長龍，永遠無人一句怨言，但讓人萬萬不敢置信，反向的信仰，竟然也同步走向極端與偏執，而此人很可能也排在那條人龍裡。

三年來異地而居，每隔一段時間，總能見到政府透過媒體對潛在的恐怖活動多所警告，天眞安逸的挪威人，輕忽地視它爲馬耳東風，直到挪威政府辦公大樓炸出火花，才以爲一語成讖，而當布列維克以嫌犯之姿就逮，我想挪威人終究發現，他們內部的衝突，未必亞於外在的威脅。

這場悲劇的幕後，結果並非其他國際恐怖活動的布局，布列維克槍枝上膛，扳機扣下，不啻是以屠殺向工黨開戰，當內部極端的偏執狂開始實踐起自己眞實的政治意識，後果恐怕同樣不堪想像。

「七二二事件」後我重新回到這座城市，一切看上去已經重回軌道，挪威政府辦公大樓周遭滿目瘡痍的景象也已不若之前嚇人，反倒像是工地施工，正待它恢復原貌，掛在圍籬上原本鮮紅的玫瑰花都已枯黃，有些則是被整捆、整把纏起，準備丟進垃圾桶裡，這座城市復原的能力，比我原本想像的更爲迅速。

週末假期，不少自由行的觀光客特別跑到案發現場取景拍照，偶爾還是會有傷心欲絕的挪威人在街角祝禱。奧斯陸大教堂外，擺滿了玫瑰花和滿地燭台，還有許多受難者生前心愛的布偶、玩具，一尊維京海盜木偶倒臥其中，但我不認爲，留著維京人血液的挪威人，會這麼輕易地在這場悲劇中被擊倒。

位在中央車站旁的大型商場「Oslo City」人潮依舊川流不息，那是中東穆斯林移民最密集的區域，披戴著伊斯蘭面紗的穆斯林婦女，從容悠閒的出現在每個樓層，和挪威人交錯而過，就好像什麼事情都沒有發生，不過這也不無道理，本來就不是穆斯林開槍殺人，但我不確定他們心中是否還會像過去一樣，認為挪威是個寬容美麗的天堂，尤其當他們知道，原來眞有些挪威人對他們的恨意如此之深，居然深到拿不相干的無辜者償命也在所不惜。

未來，他們是不是更有可能只把中央車站一旁的格陵蘭區，當作挪威的代名詞，而無法相信有朝一日，也可學著挪威人，住在自己的度假小木屋裡享受湖光山色，或者駕著私家遊艇，在懸崖絕壁的奧斯陸峽灣裡釣魚。畢竟生活在格陵蘭區，可以天天見到彼此熟悉的面孔，大家相互取暖，一起建構出這個區域之外所沒有的安全感，還是他們打從心底期盼奧斯陸人乾脆拱手讓出此地，讓他們安安心心把這裡當作家鄉之外的另一處聖潔之地，他們並不在乎這裡已被一些白領菁英挪威人暗自比擬

多元文化節上，巴基斯坦移民陶醉在自己家鄉的音樂中。

爲美國紐約的「布魯克林」。

每年夏天，奧斯陸市政府都會在市政廳廣場前舉辦「多元文化節」，那是許多中東移民最爲瘋狂感動的一刻，歷年現場表演最高潮，是入夜後來自中東的表演者在台上高唱「感謝阿拉」，舞台上方霧氣裡透著紅光、綠光、紫光，對這群伊斯蘭教的子民來說，那一刻也許眞的宛如眞主降臨。我曾在台下跟著陶醉於悠悠然的曲調中，數十面巴基斯坦綠底星月國旗在我頭頂上飄揚，我一度以爲我置身中東，而非北緯將近六十度的奧斯陸。一名巴基斯坦少年穿著雪白的T恤，背後繡上「PROUD TO BE A PAKISTANI」，你可以想像他們有多麼難以忘情那座永遠精神與之同在的沙漠之都。

他們是迥異於挪威人的一群，住在奧斯陸的城市裡，用著全然不同於挪威人的方式過生活，商家八點開門，晚上十點還捨不得打烊，挪威人重視假日生活，需要以此調劑身心，他們卻寧可申請假日營業執照，繼續打拚賺錢。中東移民群聚的地方，永遠找得到開門營業的店家，比起其他區域，生活更爲便利，但是你也不得不承認，髒兮兮的街景，已成爲那裡的正字標記。

公寓大樓外的塗鴉，在挪威人爲主的社區不可能出現，格陵蘭區數公里外由挪威人開設的精品店，夜間關門不必拉下鐵門，在中東移民群聚的社區，可就沒人敢保證能夠如此放心大膽毫不設防。這裡的房價，平均要比挪威人「主流」社區少了兩成，房屋的租金也大幅降低，而且房東提供的室內裝潢擺設，一定得舒適新穎，因爲他們對外觀環境已經無能爲力，但至少還懂得稍微提高內部的居住品質，唯有如此，才可能有人願意考慮登門和你簽下租約。

我曾經爲了節省開支，在中東人聚集的社區尋覓租屋的可能，但最後還是打消念頭，來到挪威，我的身分已是個外國人，只是來到奧斯陸滿是中東人的社區，我則像是個誤闖到鄰居家中的外國人，他們當然沒有排外的理由，但你很自然地以爲自己踩到了他們的地盤。

我從未在西區的弗羅古納爾遇見三五成群的中東人，甚至少有機會見到任何中東移民，更別提穿著面紗的穆斯林婦女結伴出現，似乎好像有一道建築在彼此心裡的高牆，挪威人和穆斯林移民皆不輕易跨過，也不認爲自己有必要跨過。它把奧斯陸人區隔成兩地，當我遊走在東西兩區之間，眞像是往返來回兩個世界。布列維克必然很厭惡格陵蘭區的一切，儘管那裡有好吃的中東菜、越南菜和中國菜，以及選擇多元的超級市場，和相對廉價的日常生活用品，但他行經此地，很有可能會產生一種土地被他人占領的失落感，只是他同時也很可能忘記了，外人給予挪威人的掌聲，很多時候正是因爲這群外來移民的存在。

中央車站外的廣場，曾經是小毒販的大本營，當街交易，偶爾則有喝得爛醉的酒鬼對著觀光客胡言亂語，或者三五成群的扒手組織，讓人出入其間，難保平心靜氣，轉進鄰近暗巷，則有娼妓交易，所有大城市的陰暗面，奧斯陸也難置身事外，而這些未必都是因爲外來移民而來。只是有些挪威人乾脆也把歐洲無國界的副作用，全都遷怒到他們看不順眼的穆斯林身上。

七月二十二日轟然一聲巨響，爆炸事件讓挪威人驚覺自己的家鄉不再安全，它當然沒有一併炸毀奧斯陸城裡那堵虛擬的牆，只希望那堵牆不會因此築得更高，或者更加牢不可破。

A-Ha

「A-Ha」是挪威近代民族英雄的代表，當有任何人介紹樂團成員來自挪威時，挪威人的心中確實無比驕傲，這是小國的特色，有朝一日擠進主流世界並且因表現優異受到重視，那將是連作夢都會笑的事。

面對舉國震驚的一刻，挪威人可能更需要一位自己的民族英雄，以證明他們不是只培養得出像布列維克這類的怪胎，還有更多正人君子，足以代表挪威的光榮，他有能力帶領大家從瓦礫堆中走出傷痛，而這樣的人當然很難由政治人物勝任，世襲而來的王室家族也無能為力，於是他們找回曾在全世界大紅大紫的「A-Ha」合唱團。

挪威人因爲石油而富裕，多數人皆可安居樂業，但這個國家甚少出現堪稱出眾的國際知名人物，一直被挪威人視爲美中不足。雖然他們年年都以鉅額的援外基金助人，同時也藉此宣傳了國家正面形象，加上負責頒贈諾貝爾和平獎而來的光輝，已夠讓他人稱羨，但挪威人總還是期待在這兩者之外，他們還能靠著自己的天賦才華，走上世界舞台，最好還享譽國際，而後光宗耀祖，畢竟發現石油不保證一定就會爲自己國家帶來尊嚴。

十六歲的挪威年輕小伙子亞歷山卓（Alexander Rybak），曾在二〇〇九年英勇奪得歐洲音樂大賽「Eurovision」冠軍，全挪威幾乎爲了他慶祝一整年，瘋狂的程度，甚至直到隔年新的冠軍出爐，挪威人都還沒從驚喜中清醒過來，他甚至還受邀擔任二〇〇九年諾貝爾和平音樂會的首席表演者，和許多舉世聞名的歌手同享榮耀。

當時亞歷山卓自行填詞作曲的流行歌曲，在挪威家喻戶曉，他華麗、誇張的小提琴彈奏風格，更迷死多少挪威情竇初開的少女，加上清秀帥氣的模樣，在挪威堪稱老少咸宜，成爲近年來最年輕的挪威之光。

我曾在奧斯陸街頭和亞歷山卓擦身而過，儘管已是全國高知名度的萬人迷，但他還是不脫靦覥少年的青澀味，背著厚重的琴箱，似乎正要趕赴某場表演。亞歷山卓當紅的時候，曾到距離奧斯陸車程四十分鐘的一間中餐館用餐，時隔半年，我也到同一家餐館打牙祭，老闆則還念念不忘那位曾經上門光顧的少年郎，興奮之情依舊掛在臉上。亞歷山卓曾經同時搶占挪威所有主流報紙頭版，雜誌架上的刊物，一度半數以上是以他爲封面，挪威人爲他神魂顛倒，幾乎每個人對他的歌曲都會哼上一兩句。

歐洲音樂大賽的參賽者來自歐洲各國，規模之大應該無人能出其右，參賽者還得先在自己國家打敗其他競爭對手，才有資格站上歐洲音樂大

奪得2009年歐洲音樂大賽冠軍的挪威年輕偶像亞歷山卓。
圖片提供／達志影像（歐新社）

賽的舞台，代表自己的國家和其他人一較長短，過程除了展現歌喉，其中有些表演者還會藉機大秀個人才藝，例如快手彈鋼琴，或是邊跳舞邊拉小提琴，要不就在服裝造型上豔冠群芳，是一年一度歐洲年輕人最瘋狂的歌唱競賽。

最爲緊張刺激的是，第一名要脫穎而出並非靠評審表決，而是同步開放讓歐洲民眾票選，一步一步篩選之下，只有約莫二十組人可以進入最後準決賽，之後再各自祭出拿手絕活，最後一輪比賽，當天晚上就要分出勝負，當所有參賽者表演完畢，計票板上就開始統計個人得票，主辦單位隨時切換畫面，鏡頭於是送來歐洲各城市歌迷歇斯底里的表情，過程充滿戲劇性和娛樂性，年紀輕輕的亞歷山卓就是在這套遊戲規則中勝出，光靠自己人的支持並不足以拿下第一名，還得其他國家的人傾囊相助，「歐洲之最」實至名歸。而且拿下第一名的國家，將可獲得下一屆的主辦權，二〇一〇年奧斯陸拜亞歷山卓之賜，熱熱鬧鬧地舉辦了一場音樂嘉年華會，最後決戰時刻，氣氛完全不亞於歐洲人最愛的足球比賽。

這樣的過程，不只是音樂的饗宴，就和國際型體育賽事一樣，還內含了民族情緒的熱情，大家一方面支持表演者，一方面也讓濃郁的愛國情操不斷發酵，亞歷山卓滿足了挪威身爲歐洲小國的渴望，雖然那只是眾多國際型競賽的一隅，但挪威能藉此嶄露頭角，擊敗列強，也算揚眉吐氣。

「A-Ha」對挪威人來說，意義當然就更加不同凡響，它是八〇年代首屈一指的音樂團體，三名來自挪威的年輕人，魅力席捲全世界，專輯曾經創下全球總銷售量三千萬張的輝煌成績，也是挪威唯一一支能在美國激烈殘酷的流行樂界中享有盛名的團體。三位團員馬格納（Magne Furuholmen）、保羅（Paul Waaktaar-Savoy）和莫頓（Morten Harket）可以說是八〇年代以來最風光的挪威人，一曲〈Take on me〉，紅透半邊天，雖然歌詞並非挪威文，挪威人依舊可以琅琅上口。

這三人和挪威人之間的情感，更勝亞歷山卓，亞歷山卓爲挪威人綻放了耀眼的火花，「A-Ha」則足足替他們爭得了四分之一世紀的驕傲。二〇一〇年，已有二十五年歷史的樂團宣布解散，於此之前並以世界巡迴演唱回饋歌迷，其中一站當然少不了自己的家鄉，結果歌迷涕淚縱橫，極其不捨，暗中禱告那只是繼一九九三年曾經解散後再度復出的另一段序曲。

離情依依告別挪威歌迷後，沒想到很快的「A-Ha」三位團員又回到挪威的舞台。但那次重返，並非是要安撫大家因爲樂團解散而來的傷感，或以重新復出的伎倆逗大家開心，而是爲了要替挪威人拭淚，爲「七二二事件」心碎的家園獻唱，那場紀念演唱會在「七二二事件」發生一個月後舉辦，他們用大家最爲驕傲的歌聲，悼念在奧斯陸和烏托島喪生的挪威人。

「A-Ha」是挪威近代民族英雄的代表，當有任何人介紹樂團成員來自挪威時，挪威人的心中確實無比驕傲，這是小國的特色，有朝一日擠進主流世界並且因表現優異受到重視，那將是連作夢都會笑的事。挪威人在「A-Ha」身上感受到的溫暖，挪威當今檯面上人物皆無可取代，甚至即便是檯面上人物自己也需要「A-Ha」爲他們帶來勇氣，以確信這個國家果然是有可敬之處。

A-Ha合唱團在宣告解散之前，舉辦世界巡迴演唱會答謝歌迷，此為2010年12月4日在挪威首都奧斯陸的演出。

圖片提供／達志影像（歐新社）

十九世紀，挪威誕生了許多偉大的音樂家，包括個子嬌小，卻是挪威樂壇巨人的葛里格（Edvard Grieg），他的〈Morning mood〉曲風搖曳，散發獨有、濃厚的挪威民族情感，他的每一首創作，皆是爲訴說挪威的民族精神而來，他的恩師小提琴家歐布爾（Ole Bull），聲望崇隆，是挪威民族樂派代表人物，台灣奇美博物館蒐藏品中，一把製於一七四四年價值最高的小提琴，即爲當年歐布爾所有。據稱那是奇美以天價在拍賣會場上標得，挪威國會曾作出決議，願意以五倍的價錢購回，仍遭奇美婉拒，不過館方倒是偶爾大方出借，讓她多次回到挪威登台表演。

挪威以有這幾位宣揚挪威精神的音樂家爲榮，尤其當時他們仍遭瑞典統治，更需要藉由音樂來抒發自己的情感，當時歐洲音樂大賽尚未出現，也沒有類似「A-Ha」這般的天團，但葛里格等人意境悠遠的曲調，已足夠滋養一個國家的民族鬥志，支撐著挪威人從困苦煎熬的處境中，直到翻身。

葛里格位於挪威西區大城卑爾根的老家，已改裝爲「葛里格紀念館」，觀光客每年在此流連忘返。雖然年輕一輩挪威人對小毛頭亞歷山卓的興趣，顯然要遠勝過音樂大師葛里格，但我想葛里格為挪威注入的民族情感，終將源遠流長。至於「A-Ha」樂團，當然也無法和葛里格的地位相提並論，但幸好有他們這三位國際巨星，讓挪威人可以不必在歷史中找英雄。

馬格納、保羅和莫頓在登台之前，一如他們感性的創作，為這齣足以讓挪威人甦醒的悲劇寫下悼詞：「我們，如同身處各地的挪威人，因這場殘忍的事件內心受創，但我們依舊非常自豪，因為在這個小國家裡，政治家、皇室和所有挪威人依然團結在一起，共同面對眼前的悲劇，我們回來，是為了榮耀那些離我們而去的朋友，並報答正承受著傷痛的各位，尤其感謝那些試圖搭著小船，不畏危險拯救同胞的朋友們。」

挪威人藉由「A-Ha」的歌聲，希望把身上的傷痕，轉換成一段有尊嚴的教訓，至少他們沒有陷入慌亂，而是以冷靜自持，協助受難者的家屬和自己走出悲傷，報紙、電視上不乏檢討之聲，但這個國家依舊以穩健的步伐，跨出之後的每一步。〈Take on me〉的歌詞如此道來：

安然無恙不比遺憾好

當我們攤牌時
我不知道該說些什麼
無論如何，我還是會說
今天，又是追尋你的日子
你害羞的離去
我將追求你的愛
接受我
一兩天後我將要離開
所以用不著談論那些瑣碎的細節
我將走得跌跌撞撞
慢慢學會人生還過得去
跟著我說
安然無恙並不比遺憾好
噢，就像你說的

這就是人生
或者我只是爲了消除我的記憶
而你是我唯一必須記住的人
你害羞的離去
無論如何我還是會追尋你

烏托島上的受難者，很多都是十七、八歲的孩子，「A-Ha」雖然不屬於他們的時代，但我想他們和所有挪威人一樣，應該會喜歡這首歌。

文學叢書 303

安然無恙不比遺憾好 挪威七二二屠殺案之後

作　　者　李濠仲
總 編 輯　初安民
責任編輯　陳健瑜
美術編輯　黃昶憲　林麗華
攝　　影　李濠仲
校　　對　謝惠鈴

發 行 人　張書銘
出　　版　INK印刻文學生活雜誌出版有限公司
新北市中和區中正路800號13樓之3
電話：02-22281626
傳眞：02-22281598
e-mail：ink.book@msa.hinet.net
網　　址　舒讀網http：//www.sudu.cc

法律顧問　漢廷法律事務所
劉大正律師
總 代 理　成陽出版股份有限公司
電話：03-2717085（代表號）
傳眞：03-3556521
郵政劃撥　19000691　成陽出版股份有限公司
印　　刷　海王印刷事業股份有限公司

港澳總經銷　泛華發行代理有限公司
地　　址　香港筲箕灣東旺道3號星島新聞集團大廈3樓
電　　話　(852) 2798 2220
傳　　眞　(852) 2796 5471
網　　址　www.gccd.com.hk

出版日期　2011年11月　初版
ISBN　978-986-6135-61-3

定　價　230元

國家圖書館出版品預行編目資料

安然無恙不比遺憾好：挪威七二二屠殺案之後
／李濠仲 著；
--初版, --新北市中和區：INK印刻文學,
2011.11　面；　公分.（文學叢書；303）
ISBN　978-986-6135-61-3（平裝）
1.多元文化 2.社會生活 3.恐怖活動 4.挪威
747.43　100021121